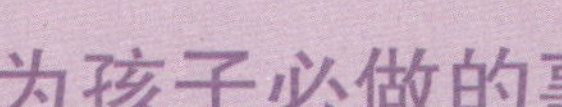

为孩子必做的事系列

谨献给6983位为本系列图书提供素材的妈妈
以及所有新妈妈们
希望她们和她们的孩子幸福快乐

感谢403位专家的共同参与和咨询解答
感谢顾问委员会11位专家的精心审订

为孩子必做的事系列②

为2岁孩子必做的49件事

韩国《柠檬树》编辑部 编著

杨俊娟 荀晓宁 周 欣
刘 倩 张树程 李子建 译

科学普及出版社
·北 京·

图书在版编目（CIP）数据

为2岁孩子必做的49件事 / 韩国《柠檬树》编辑部编著；杨俊娟等译. —北京：科学普及出版社，2012.4
（为孩子必做的事）
ISBN 978-7-110-07317-9

Ⅰ. ①为… Ⅱ. ①韩… ②杨… Ⅲ. ①儿童教育：家庭教育 Ⅳ. ①G78

中国版本图书馆CIP数据核字（2012）第004530号

出 版 人：苏 青
策划编辑：任 洪
责任编辑：何红哲 侯满茹
封面设计：彩奇风
正文设计：青青虫工作室
责任校对：王晓宁
责任印制：张建农

出版发行：科学普及出版社
（地址：北京市海淀区中关村南大街16号 电话：010–62173865 邮编：100081）
印 刷：北京长宁印刷有限公司印刷
印 次：2012年4月第1版 2012年4月第1次印刷
开 本：787毫米 × 1092毫米 1/16
印 张：11.25
字 数：230千字
书 号：ISBN 978-7-110-07317-9/G · 3270
定 价：32.00元

策划理念

年轻的妈妈到底需要一本怎样的育儿书

“事事亲力亲为会觉得很吃力，什么都不做又怕孩子落后。” 很多妈妈都有这样的苦恼，孩子稍稍有点进步就想能进步得更快些，尽早尽多地教孩子一些东西。可有的妈妈发现，虽然努力开展了各种早期教育，但到了真正需要学习这些东西的时候，孩子反而落在了后面。早知道是这样的结果，当初的努力简直就是搬起石头砸自己的脚。那么，早期教育是早开始好还是晚开始好，其标准究竟是什么呢?

“为什么许多育儿书都只讲理论而不实用呢?” 作为妈妈，很多事情都要独立作出决定。这时候，不少妈妈就会胆怯，没有自信，于是就求助于各种育儿书籍。可是，那些育儿书为什么都千篇一律地把内容集中在理论上呢?那些理论虽然非常棒，可当真正面对孩子的时候，为什么觉得那些理论那么遥远呢?最后只好去网上寻找答案了，但搜索到的结果却让人哭笑不得。难道就没有一本书能把理论与实际真正结合起来吗?

“现在就给那些彷徨的妈妈一些中肯的建议。” 很多妈妈都在为过去虚度的时间后悔，可又不知道现在该怎么办，既迷惑又焦急。年轻的妈妈都已经意识到，与自己成长的年代不同，妈妈的努力以及妈妈所作出的决定会对孩子的未来产生深远的影响。那么，这样一本可以化解迷惑与焦急的“妈妈指南”哪里有呢?

成书过程

6983位妈妈与403位专家共同给出了最实用的育儿答案

妈妈们亲自提交的“育儿问题” 现在的妈妈们究竟需要一本什么样的育儿书？对于这个问题，编辑团队在经过10次网络会议和街头访问后，终于得出了答案。虽然收集到的答案多种多样，不过，最终所有的意见都统一为：妈妈们需要的是一本“能够消除实际困惑的解答书”。那么，怎样才能得到一本好的“解答书”呢？首先，妈妈们在不断交流中汇总出一张“问题列表”，然后编辑团队按照孩子的不同年龄段各提取了200个育儿问题，以此作为本套书的基础。

专家顾问委员会11位委员挑选出“重点问题” 对按照年龄段筛选出的200个育儿问题，编辑团队把它们交给专家顾问委员会，并对顾问委员会提出要求：按照不同年龄段的发育标准，从各年龄段的200个问题中分别挑选出100个重点问题。

根据6476位妈妈投票再筛选出“核心问题” 顾问委员们挑选出的问题，再次被提交到育儿网站上。编辑团队的想法是，希望妈妈网友把各年龄段的育儿问题分别精简到最核心的50个问题。最后的结果有6476位妈妈参与了投票。于是，“最实用的育儿问题”出炉了。

不同领域的403位专家耐心解答 针对每个年龄段精心挑选出来的50个问题，构成了本套书不同分册的核心内容。在这份详尽、具体的问题列表出炉以后，事情变得明晰起来。在对以专家顾问委员会为核心的403位专家的咨询中，在对同类书籍的参考中，编辑团队耐心地寻找着最准确、最全面的答案。

507位有经验的妈妈提供了她们的“生活智慧” 专家的意见固然重要，而那些有丰富实践经验妈妈们的看法，也同样受到编辑团队的关注。通过采访这些妈妈，获得了很多不同于书面理论的回答，这些回答更贴近生活。

如何使用本书

“为孩子必做的事系列”是一套按照年龄段编写的实用育儿书。我们抛弃了厚度和泡沫，把更多的时间花在寻找现实生活中真正需要的答案上。

不同年龄段的育儿重点

1岁（0～12个月） 不同月龄的喂养方法；新手妈妈的育儿妙招。

2岁 培养好习惯；2岁孩子的“话痨”妈妈。

3岁 培养有想象力的孩子；在与孩子的主权争夺中获得胜利。

4岁 提高智商；让孩子在游戏中学习各种技能。

5岁 性格教育；培养社交能力，为未来的领导者打下基础。

6岁 奠定学习能力的基础；准备入学，增强体质，培养耐性。

这是年轻妈妈身边的助手 本套书不同于育儿专家的论文或教育家的著作，虽然我们也得到了许多育儿专家的帮助，但并没有照搬照抄专业理论。我们尽可能做到把理论与实际相结合，给出尽可能接近实际生活的正确答案。

当你需要专家时，请打开本书 在某个阶段，孩子应该发育到怎样的水平？这应该是每个妈妈都想知道的问题。本套书按照不同的年龄段，提供了孩子发育指标列表。如果发现孩子存在异常，可以尽快寻求专业人士的帮助。通常来说，异常被发现得越早越好，治疗得越及时越好。

专家顾问委员会

感谢403位专家参与了问题的解答，尤其要特别感谢11位各个领域的著名专家担任本套丛书的顾问委员会委员，他们为这套书付出了宝贵的时间和精力。

高西焕 曾担任韩国顺天乡大学和韩国成均馆大学的客座教授，是儿童肥胖症领域的权威专家，在家庭制作幼儿辅食方面也颇有建树。目前独立经营一家儿科诊所。

金英勋 毕业于韩国议政府天主教大学医学院，获得博士学位。曾在美国贝勒大学进修儿科和小儿神经科，是韩国最优秀的小儿科专家。目前担任韩国议政府天主教大学医学院附属圣母医院的副院长。

金仁京 毕业于韩国梨花女子大学政治外交系，在美国特洛伊大学获得硕士学位。目前主要从事儿童英语教育工作，同时担任韩国首尔小学英语研讨班的培训讲师以及韩国蔚山大学的英语培训讲师。

文美熙 妊娠心理专家，曾在韩国首尔大学小儿精神系进修，目前担任韩国人类发展研究所所长。作为三个孩子的母亲，文美熙在儿童心理与家庭教养方面有独到的见解。

徐贤珠 著名SUKSUK网站的创办人。网站主要服务对象是对儿童英语教育感兴趣的父母，目前已拥有大约30万名会员。徐贤珠的不少著作都是受到广泛欢迎的畅销书。

孙硕汉 毕业于韩国延世大学医学系，获得博士学位。曾就职于韩国多家医院小儿精神科。目前于韩国延世神经科附属小儿青少年神经科医院就职，致力于儿童和青少年的精神健康研究。

孙洪民 曾在韩国淑明女子大学、韩国首尔女子大学、韩国广播通信大学教授幼儿美术。创办了韩国儿童美术教育研究所。在进行儿童美术指导的同时，还承担着电视台教育频道的儿童美术节目录制工作。

申东吉 儿科专家。毕业于韩国庆熙大学中医系，获得博士学位。目前担任韩国最好的儿科中医院——韩国束草涵小儿中医院院长，从事儿童消化与发育方面的研究。

李仁实 资深育儿专家，曾担任韩国女性职场幼儿园以及韩国三星幼儿园的院长，并兼任网络学校韩国三六大学的幼儿教育系教授。他还凭借在实践中积累的宝贵经验，创办了专门服务于婴幼儿的教育机构。

玄顺英 毕业于韩国梨花女子大学特殊教育系和韩国东大学院特殊教育系。在韩国圣母医院语言治疗室、韩国红十字会语言治疗室从事儿童教育研究。同时，还担任电视台教育频道和文化频道幼儿节目的顾问。目前担任李路达儿童发展研究所所长。

黄京淑 图书研究专家、插图画家。曾为《大英百科全书·韩国部分》和《大英百科全书·儿童图书馆》执笔，还曾在《柠檬树》和《东亚日报》连载作品。长期在育儿专业网站《小书房》栏目中连载书评。

策划理念
年轻的妈妈到底需要一本怎样的育儿书

成书过程
6983位妈妈与403位专家共同给出了最实用的育儿答案

如何使用本书

专家顾问委员会

读懂你的孩子
13～24个月，妈妈必须知道的事情 2

让孩子健康地长大
首要任务就是健康

01 请对孩子迈出的第一步倾注最大热情与关怀 8
02 帮助孩子走得更好 10
03 13～24个月孩子的免疫接种 12
04 开始吃饭啦 14
05 断奶，告别奶瓶 17
06 让孩子好好吃饭 21
07 关于营养保健品，你所不知道的事情 24
08 把小儿肥胖遏制在初级阶段 27
09 帮助孩子长高的按摩法与体操 29
10 提高免疫力，抵御感冒的侵袭 33
11 防止感冒后期出现中耳炎 38
12 应对过敏性皮炎的方法 40
13 周岁后，孩子的牙齿保健 44

健康成长的基础工程
培养良好的生活习惯

14 尽量不要让孩子单独睡 50
15 这样开始大小便训练 52
16 必须纠正的习惯 57
17 真的不能让孩子看电视吗 60
18 必须养成的三大饮食习惯 62
19 养成良好的睡眠习惯 63
20 家里有个夜哭郎 66

提高孩子的词汇量

必须重视孩子的认知能力

21 做一个喜欢与孩子唠叨的妈妈 70

22 了解孩子学习语言的过程 72

23 看着孩子的眼睛说长句子，可以提高孩子的词汇量 75

24 孩子说话晚，父母应思考的问题 79

25 2岁孩子的大脑发育信号及认知能力的发展过程 82

26 帮助孩子提高认知能力的游戏 88

27 适合13～24个月孩子的玩具 92

让孩子聪明又讲理

必须开展的教育

28 用“试试看”来代替“不行” 96

29 怎样展开亲子阅读 98

30 2岁孩子应该阅读的20本书 102

31 带2岁孩子去旅行 105

32 早教机构和各种教材教具有用吗 108

培养一个充满爱心的孩子

现在就要启动父母职责

33 该给孩子怎样的自由 112

34 对孩子表达情感的方法 114

35 送2岁孩子去儿童之家 116

36 孩子有了弟弟妹妹，会出现发育倒退 118

37 孩子2岁以后，更要注意防范安全事故 121

38 调节父母的愤怒情绪 124

39 当父母在孩子面前吵架的时候 129

让孩子在爱的关怀下成长

必须培养孩子的社交能力

40 经常进行户外活动 134

41 妈妈不在身边就哭，怎么办 136

42 怎样对待易怒的孩子 140

43 怎样对待不喜欢和小朋友一起玩的孩子 142

44 怎样对待胆小的孩子 144
45 怎样对待固执的孩子 147
46 帮助孩子克服胆怯 151
47 掌握孩子的气质，让育儿更加轻松 154
48 用爱去弥补孩子的性格弱点 158
49 可以体罚孩子吗 161

Tips 实用小贴士

眼睛一刻不离开孩子 10
百白破三联疫苗 13
让食物变咸的方法 15
孩子不吃肉，只吃蔬菜怎么办 15
洋白菜对胀奶的特效作用 18
不吃药也可以减少乳汁分泌 19
医生推荐的解决食欲不振的六个方法 22
孩子是真的“虚”吗 25
小儿肥胖 28
有助于孩子长高的食物 30
先天免疫力和后天免疫力 34
当慢性中耳炎导致耳朵听不见的时候 39
过敏与肺炎、哮喘的关系 40
战胜过敏的小秘诀 42
乳牙出牙的顺序和时间 44
宝宝出牙的情况正常吗 45
训练大小便的时候，不要这样说 52
一刻也离不开妈妈 58
养成习惯之前，爸爸妈妈要做的事 59
不要让孩子边看电视边吃饭 60
哄孩子睡觉的小法宝 63
改掉夜里吃奶的习惯 64
孩子夜里哭闹得厉害是怎么回事 66
“实况转播”孩子的动态 73
怎样让孩子学说话 74
这样做，只会让孩子说话更晚 75

说话晚的案例 76
有些孩子说话晚，父母不必担心 79
听力不好的孩子 80
20个月孩子的记忆力 83
管理玩具的方法 92
全集与单行本 99
孩子旅行后的状态 106
选择教材及教具的原则 108
身体接触比称赞更有效 114
去儿童之家前要做的事 117
家里又有一个小宝宝后，绝对不要对第一个孩子说这样的话 118
不能让孩子碰的东西 122
孩子可能会吞下的东西 123
无论多么生气也绝不能说的话 125
妈妈的育儿方式有问题会导致孩子的行为有问题 126
如果一定要吵架 130
通过游戏治疗孩子的分离不安 138
把暴躁孩子送到亲子园 140
可以培养社会性的玩具 143
当孩子害怕的时候，妈妈应该这样做 144
孩子只偏好一件东西怎么办 148
通过游戏培养孩子的表现力 151
儿童气质判断结果 156
怎样让孩子有个好性格 159
体罚孩子时必须注意的问题 161

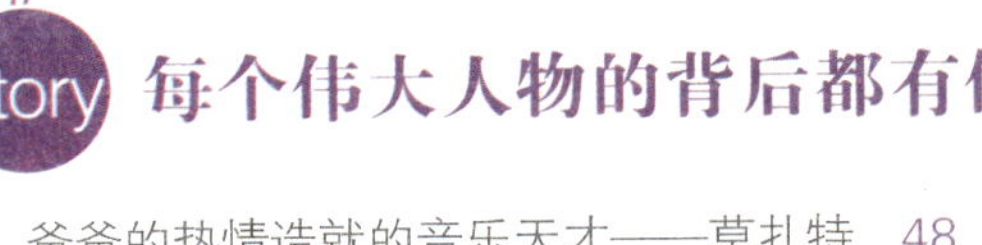

每个伟大人物的背后都有伟大的父母

爸爸的热情造就的音乐天才——莫扎特 48
妈妈独创读书法培养的杰出作家——歌德 68
儿时就有沙漠星空下的电影梦——斯皮尔伯格 94
曾经结巴的通用电气前董事长——杰克·韦尔奇 110
爸爸的故事为他插上想象翅膀的“世界童话大王”——安徒生 132
曾因脑子“笨”而无法适应学校生活的伟大发明家——爱迪生 163

读懂你的孩子

Understand a child 13～24个月

本书着重介绍13～24个月孩子的健康与生活习惯。这个时期的孩子，已经告别了早期的辅食，开始像大人一样吃饭，也可以控制大小便了。孩子的睡眠规律逐渐稳定下来，晚上睡，白天玩。父母要想让孩子好好吃饭、好好睡觉、尽快告别尿布，就必须从现在开始，培养孩子良好的生活习惯。当孩子养成良好的生活习惯以后，自然而然，健康就会找上门来。这个阶段也是孩子性格形成的重要阶段。

13~24个月，妈妈必须知道的事情

孩子24个月的时候，体重应该是出生时的4倍，也就是13千克左右。这段时间，身高会增长10厘米左右（13~24个月孩子的平均身高和体重详见表0.1和表0.2）。在12~18个月的时候，孩子的前囟门会完全闭合。到18个月以后，孩子一般可以忍住小便达3个小时以上。这个时期，孩子已经可以自由行走了，眼界越来越宽广，词汇量也愈加丰富了。下面的内容就和这个时期的孩子有关。

健康

□接种百白破三联疫苗（3个月~6周岁）。

□进行血常规和尿常规检查（24个月）。

□前囟门闭合（12~18个月）。

□在大人以为孩子不会出现问题的时候，孩子可能会吃下脏东西或头发等（12~18个月）。

□如果孩子有阴囊水肿的情况，父母要决定是否为其进行手术（12~18个月）。

□如果孩子仍然没有出牙，要带孩子去医院检查（13个月）。

社会性发育

□当大人想抓住孩子的时候，他（她）会推开大人的手，然后跑开（12~18个月）。

□喜欢玩捉迷藏，喜欢蹦跳（18~21个月）。

□喜欢看别的孩子玩，但并不愿意参与其中（18~21个月）。

□会和其他孩子发生推搡的事情（18~21个月）。

□会打别的孩子，拉扯别的孩子的头发，或抱住别的孩子（21~24个月）。

生长发育

□开始走路（12~18个月）。

□可以用手指捏起小物品，也可以随意涂鸦（12~18个月）。

□可以说出“妈妈”“爸爸”等带有明确含义的词汇（12~18个月）。

□日常语言能力迅速提高（12~18个月）。

□不像以前一样喜欢睡觉（12~18个月）。

□会跑，也可以独自从坐姿变成站立（18~24个月）。

□可以下一级台阶，也可以单脚站一会儿（18~24个月）。

□可以跳5厘米高（18~24个月）。

□可以踩动儿童三轮车的脚踏板（18~24个月）。

□可以随意活动大拇指，喜欢玩积木，也

表0.1 13~24个月女童的平均身高和体重

月龄	体重（千克）	身高（厘米）
13个月	9.99	77.4
14个月	10.16	78.2
15个月	10.43	79.1
15个月*	10.43	80.2
16个月	10.68	80.1
17个月	10.94	81.1
18个月	11.20	82.0
18个月*	11.01	82.9
19个月	11.46	82.8
20个月	11.73	83.5
21个月	12.00	84.3
21个月*	11.77	86.0
22个月	12.17	85.2
23个月	12.32	86.1
24个月	12.50	87.0
24个月*	12.60	89.9

资料来源：大韩小儿科学会 13~24个月女童发育标准值。

注：*数据为“中国九市城区7岁以下儿童体格发育测量值（2005年）”，供参考。

表0.2 13~24个月男童的平均身高和体重

月龄	体重（千克）	身高（厘米）
13个月	10.54	79.0
14个月	10.78	79.3
15个月	11.05	80.1
15个月*	11.04	81.4
16个月	11.32	81.0
17个月	11.51	81.9
18个月	11.70	82.7
18个月*	11.65	84.0
19个月	11.84	83.5
20个月	11.99	84.3
21个月	12.14	85.2
21个月*	12.39	87.3
22个月	12.39	86.1
23个月	12.64	87.0
24个月	12.90	88.0
24个月*	13.19	91.2

资料来源：大韩小儿科学会 13~24个月男童发育标准值。

注：*数据为“中国九市城区7岁以下儿童体格发育测量值（2005年）”，供参考。

可以把小物品放进杯子里（18~24个月）。

□会说越来越多的具有明确意义的词汇，并且可以通过行动来表达自己的要求（18~24个月）。

□可以根据指令指出5个以上的身体部位，也可以指着图片说出图片的名称（18~24个月）。

□可以把两三个词连接起来，表达更复杂的意思（18~24个月）。

□需要父母陪伴在身边，但独自玩耍的时间越来越多（18~24个月）。

□占有欲变强，经常把自己的东西集中放在一个地方（18~24个月）。

□开始接受控制大小便的训练（18~24个月）。

性格发育

□情绪变化很快，有时对同一件事存在两种相反的感情（12~18个月）。

□表现出一定的自信和独立，不过，当父母不在身边的时候，还是会流露出分离带来的不安情绪（12~18个月）。

□父母在视线范围内的时候，可以自己玩

得很好（12～18个月）。

□随着对环境的熟悉，会更自信、更强烈地表达自己的要求（12～18个月）。

□希望自己的要求得到尊重（12～24个月）。

□在行动上，以自我为中心，甚至有的行为会妨碍到别人（18～24个月）。

□不满意时会发脾气（18～ 24个月）。

□不断地命令别人，并希望命令得到执行（18～24个月）。

□喜欢并能够看护好自己的东西（18～24个月）。

□想告诉别人自己的存在很重要（18～24个月）。

□会产生骄傲情绪，认为自己已经可以完全独立了（18～24个月）。

教育

□使用更丰富的词汇与孩子说话，对孩子的话一定要作出回应（12～18个月）。

□各类图片都是很好的教材（12～18个月）。

□为孩子准备一些可以促进手指活动、能够推拉的玩具（12～18个月）。

□用日常生活用品做游戏道具（12～18个月）。

□教育孩子自己能做的事情自己做，培养孩子的独立性（12～18个月）。

□多给孩子看一些图画书，为他（她）阅读简单的故事（12～18个月）。

□可以指示孩子做一些简单的劳动（12～18个月）。

□增加与孩子之间的各种沟通与交流（12～18个月）。

□增加孩子的户外活动，促进孩子的身体发育（18～24个月）。

□让孩子独立完成一些自己能做的事情（18～24个月）。

□孩子开始喜欢一些有故事情节的图画书了，这时候可以给孩子朗诵一些富有韵律的诗歌等（18～24个月）。

发育异常

12个月

□仍然无法独自站立。

□不会涂涂画画。

□不会玩藏猫猫等游戏，甚至面对这些游戏时完全不知所措。

15个月

□仍然不会独立行走，或走路的样子很奇怪。

□无法把一块积木放到另一块上面。

□不会说话，或总发出奇怪的声音。

18个月

□不会独立行走。

□不会说有明确意义的词语。

□眼球活动异常。

24个月

□走路时总是摔倒，或走路样子很奇怪。

□不会搭积木，也不会涂涂画画。

□叫孩子名字的时候，没有任何反应。

□不会使用有意义的词汇，也不会说由两个词构成的句子。

□不会模仿别人的语言或行动。

小肌肉发育

	快	正常	慢	迟滞
能够用拇指和其他手指捏起葡萄干	7个月零18天	8个月零21天	9个月零24天	11个月
会用勺子	10个月	12个月零12天	14个月零24天	17个月零6天
可以搭出一个立方体	12个月零3天	14个月零9天	14个月零24天	17个月零6天

认知能力发育目标

如果在相应的月龄还无法完成下面的行为，可能是孩子的认知能力存在一些问题。最好带孩子去儿科或儿童精神科做进一步检查。

□可以掀掉盖在物体上的手帕（10个月零27天）。

□会玩藏猫猫游戏（10个月零27天）。

□会用手指想要的东西（13个月零27天）。

□会模仿大人的动作（14个月零24天）。

□会假装喂娃娃吃东西（20个月零18天）。

□会玩捉迷藏游戏（25个月零3天）。

重复性动作

下面都是孩子经常出现的一些行为，父母不必因此过分责备或担心。不过，如果觉得情况很严重的话，可以咨询一下专科医生。

□吮吸手指（6～48个月）。

□摇头（12～24个月）。

□总是碰撞身体（6～33个月）。

□哭得厉害的时候会屏住呼吸（13～48个月）。

□经常摔倒（18～36个月）。

□说谎（24～48个月）。

Part 01

让孩子健康地长大

首要任务就是

健康

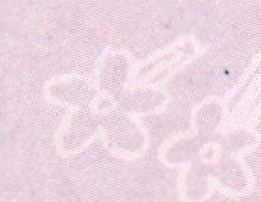

01

请对孩子迈出的第一步倾注最大热情与关怀

曾经，那个需要扶着东西才能站立的小孩子，不知不觉中，已经可以松开妈妈的双手，完全凭借自己的双腿站立了。颤颤巍巍地想要迈步，却“扑通”一下坐在了地上。此时，孩子小小的心里或许正在斗争，“我做得到吗？”“再摔倒怎么办？”偷偷瞄一眼妈妈，原来妈妈正面带笑容地看着自己呢。妈妈点点头，走过去扶起孩子，并在他（她）的小屁股上拍了两下。而孩子，则主动放开了妈妈的双手，再次勇敢地迈出脚步。一步、两步、三步，然后又一个屁墩儿坐了下来，回头看看，竟然已经走出了四步。要知道，虽然仅有几步，却是没有借助任何人的手，没有扶任何东西，而是完全依靠自己的力量迈出的。这个时期的孩子，双腿的力量还不足以能够在平衡状态下移动身体，所以走路的时候要张着两臂，而且是摇摇晃晃的。可无论怎样，这都是孩子完全依靠自己的力量迈出的人生脚步。

孩子一生的道路，不会永远平坦，也不会总是布满鲜花，会有风雨，也会有黑暗，但没有任何人可以代替他（她），因为这是属于孩子自己的道路，孩子终归要凭借自己的力量，跑得更快，飞得更高。尽管这样，我的宝贝，你一定要记住：妈妈会一直在你的身后支持你，无论何时，只要你感到疲倦了，妈妈都是你避风的港湾，加油！

孩子学走路的过程

对孩子来说，从站立到迈出第一步，是一个非常重大的变化。只有双腿轮番用力，保持住身体的平衡，才能连续地走下去。

02 帮助孩子走得更好

孩子走路的时候，要靠双腿来移动身体，同时还要保持上半身的平衡。开始时，通常是张着双臂，走得摇摇晃晃，这是因为孩子要用胳膊来掌握平衡。逐渐熟练了以后，再走路时就会把手臂放下了。但仍然不能像成年人那样，从脚后跟到脚尖进行移动，而是用整个脚掌踩地。

怎样帮助孩子走得更好

物质诱惑 让孩子站好，然后在他（她）可以看到的地方放上玩具，引导孩子自己走过去。比如，在椅子上放上玩具或是食物，然后把孩子放在1米以外的地方，喊他（她），“走过来呀”，这样可以给走路增加一些趣味性。

利用可以推着走的玩具 如果孩子刚刚能走一两步，可以给他（她）一个能够推着走的玩具。不过，轮子的滚动速度要比较慢，以不超过孩子的步伐为宜。

利用可以拉着走的玩具 熟悉了能推的玩具以后，再给孩子一个带有绳子可拉着走的玩具。尽管提高了一些难度，但是可以帮助孩子走得更熟练。

用脚尖站立 已经走得比较熟练以后，可以让孩子练习用脚尖站立。在略高过孩子视线的位置上放一个玩具，这样

Tips 眼睛一刻不离开孩子

孩子会走路以后，行动半径大了许多，所以妈妈要时刻跟在孩子的身后。这个时期的孩子，最喜欢独立行走，四处探索，但是他们对于安全和危险却没有一点概念。走路的时候拉掉桌布、上到高处后滚落下来、碰倒垃圾桶等，这些瞬间发生的事故，都有可能出现在孩子会走路以后。因此在这个时期，妈妈的眼睛一刻也不能离开孩子。也可以采取一些措施来预防此类安全问题。例如脱掉孩子的袜子，以防止滑倒；拿走危险物品等。不过，如果孩子的一举手一投足都受到限制，可能会让孩子失去行走的乐趣，因此妈妈一定要掌握好尺度。

做，可以让孩子在踮起脚够玩具时，均匀地锻炼腿部和足部肌肉。

我追你跑 让孩子在前面跑，妈妈在后面追。不要真的追到，但也不能离得太远，还要经常喊“等一等”，会让孩子感觉很兴奋。

在前面喊 在离孩子有一段距离的地方向孩子喊，“过来”，也可以在孩子身后喊。

穿鞋子出去 让孩子穿着鞋子去外面散步。这时孩子需要由妈妈带着，慢慢地走出去。开始的时候，也可以先到阳台上或院子里。当然要先确认好有没有危险的栏杆或石头。

齐步走 和妈妈一起齐步走。如果孩子走得太快，妈妈可以从后面抓着孩子的两只胳膊。在这个时期，孩子可能会更喜欢一个人走，所以在扶他（她）的时候，要确认孩子是否喜欢。

有助于孩子学会走路的一些练习

脚部放松 让孩子躺好后，弯起他（她）的一条腿，让孩子的腿与身体呈90度，让脚尖与腿也呈90度，然后用右手握住孩子的脚尖，用左手按压脚背。

躺着骑自行车 让孩子躺好后，拉起他（她）的两条腿。握住孩子的脚踝，先把他（她）的双腿向其胸部推，然后再向妈妈这边拉。当孩子熟悉以后，可以用双手分别握住孩子的双腿，好像骑自行车那样，弯曲再展开。

倒立 先托住孩子的头和屁股，然后握住孩子的小腿，将孩子倒着提起。坚持3秒钟后，把孩子放下来，然后再重复这个动作。

03

13~24个月孩子的免疫接种

麻疹、腮腺炎、风疹三联疫苗 麻疹、腮腺炎、风疹疫苗，一般在孩子12个月的时候进行接种。然后在4～6个月后加强接种一次。腮腺炎和风疹疫苗只有在孩子12个月以后接种，才能很好地产生抗体。接种麻疹疫苗后，有5%～15%的孩子会在6天后出现发热的情况；另外，有5%左右的孩子会在接种后的7～10天里，出现一过性红疹，并持续2～4天。而腮腺炎或风疹疫苗，接种后几乎没有什么副作用，所以不必太担心。偶尔也可能会出现低热、红疹、红肿等过敏反应，但非常少见。

水痘疫苗 水痘疫苗属于选择接种项目，可以根据实际情况进行选择。接种水痘疫苗2个月以后，基本可以达到100%的效果。另外，如果孩子很健康，即使家里有人得了水痘，只要在3天以内接种疫苗，也可以达到预防效果。水痘疫苗通常在孩子满12个月以后进行接种，时间最好选择在完成了基本免疫接种项目以后。

B型流感嗜血杆菌疫苗 婴幼儿感染了流感嗜血杆菌后，就会引起脑膜炎、中耳炎、咽炎、关节炎、菌血症或肺炎等。有时，这种细菌也会成为新生儿败血症或脑膜炎的元凶。在美国，因为流感嗜血杆菌感染引发的病例很多，所以B型流感嗜血杆菌疫苗已经包含在婴幼儿的常规计划免疫接种中。这种疫苗的接种，一般是从孩子出生后2个月开始，以2个月为间隔，共接种3次，孩子12～15个月（译注：我国是第18个月）的时候还要加强接种一次。如果是12个月以上的孩子，只接种一次就可以了。免疫功能正常的5岁以下的孩子，也可以接种。

流行性乙型脑炎疫苗 流行性乙型脑炎（乙脑）是由携带乙型脑炎病毒的蚊子传播的。在农田或比较泥泞的湿地，夏天蚊子大量繁殖，孩子就会被传染流行性乙型脑炎。这种病非常可怕，孩子发病后会出现高热、头痛、呕吐、痉挛、昏迷等症状，死亡率高达20%～30%。即使存活下来，也有一半以上的患儿会留下意识障碍、神经性麻痹、痉挛、智力障碍及语言障碍等后遗症。所以，最好在乙型脑炎流行期之前为孩子接种疫苗。1岁时注射流行性乙型脑炎疫苗基础免疫两针，间隔7～10天；在2岁、3岁及7岁时分别加强一次。

Tips 百白破三联疫苗

百白破三联疫苗，是百日咳、白喉、破伤风这三种疫苗的统称，属于基本免疫项目。这种疫苗一般要经过4次接种。第一次接种在出生后2个月，然后以30～56天为间隔，共接种3次，并在周岁前全部完成。加强接种的时间是孩子18个月时。白喉是孩子感染了白喉杆菌后，出现咽喉结膜炎症，甚至因此引发呼吸困难或心脏疾病等。破伤风是孩子感染了破伤风杆菌，表现为一些特有的神经症状。破伤风致死率很高。因为白喉和破伤风这两种病都非常严重，所以必须让孩子接种相关的疫苗。接种相关疫苗之后，孩子可能会出现头痛、发热、痉挛等副作用。如果孩子在第一次接种后就出现了严重的副作用，必须停止接种疫苗。在接种疫苗的时候，不能在相同的位置上重复接种，因为百白破三联疫苗的吸收需要1～3个月的时间。

04

开始吃饭啦

一直以母乳或奶粉作为主要食物的孩子，在经过了辅食阶段的锻炼后，终于要坐上餐桌，像个大人一样吃饭啦。不过，什么时候开始让孩子吃幼儿食品以及怎样给孩子吃，却是让妈妈挠头的问题。

什么时候开始吃幼儿食品

幼儿食品，指的是孩子满周岁以后，结束了婴儿辅食期所吃的食物。原则上，幼儿食品期，孩子可以和大人吃一样的。不过，这个时期的孩子还不能吃太咸或太硬的东西。什么时候开始让孩子吃幼儿食品呢？因为每个孩子添加辅食的进展情况不太一样，很难确定一个“标准时间”。儿科医生的建议是，通常孩子可以吃掉一碗（宝宝碗）辅食后，就可以进入到幼儿食品阶段了。一般，吃饭好的孩子会从12个月的时候开始吃幼儿食品。即使晚一些，从15个月开始，孩子就可以和大人一样吃饭、喝汤，还可以吃三四样小菜。

必须遵循的五个原则

孩子进入幼儿食品阶段后，最重要的一个问题就是保证孩子营养均衡。周岁前的孩子，其营养来源主要依赖的是母乳、奶粉和辅食，因此，对于孩子营养均衡问题，妈妈不必做过多考虑。但在进入新阶段以后，孩子的消化器官还不成熟，一顿饭只能吃很少，如果孩子只吃三顿饭，则很容易造成营养不足的情况。

15个月之前，要同时搭配奶粉 通常来说，在孩子周岁之后，最好断掉孩子的母乳或奶粉，用鲜牛奶作为加餐的点心。鲜牛奶的分量大约是每天500～700毫升。不过，如果孩子辅食添加得比较晚，或辅食吃得不太好，在15个月之前，最好还是继续让孩子吃奶粉。因为在周岁前后，铁是孩子大脑发育必需的营养元素，而鲜牛奶是基本不含铁的。有报告显示，孩子过早开始喝鲜牛奶，很容易出现过敏现象。如果孩子无法消化鲜牛奶中的乳糖，可以选择喝豆奶。但无论是牛奶还是豆奶，每天喝2～3杯就足够了。周岁以后，如果孩子还喝3杯以上牛奶或豆奶，则应该适当减量。喝奶过多，会影响孩子吸收其他食品的营养。

正餐三次，点心两次 这个时期的孩子，如果每天只吃三顿幼儿食品，很难摄取到充足营养，所以每天最好再给孩子加两次点心，可以是水果或煮熟的蔬菜等。蔬菜每次两大勺，苹果或其他水果每次1/4个就可以了。如果孩子每次吃的量都比较少，也可以把点心增加到每天四次。在包括点心在内的五顿饭中，至少四顿应该有米饭、面包、谷类或固体食物。

不要把饭泡在汤里 把饭泡在汤里吃，会稀释唾液里的消化酶，导致孩子无法很好地消化食物。吃汤泡饭的时候，孩子会直接把饭吞下去，而不咀嚼，这也会影响到孩子的咀嚼练习。这时候，因为乳牙还没长齐，如果孩子有咀嚼困难的情况，可以把饭做得软一些，甚至直接做成粥。这些都比饭泡在汤里吃好。

均衡摄取五大营养素 对孩子来说，均衡的营养是最重要的。所以，与其让孩子吃很多特殊的食物，还不如更多地考虑如何让孩子均衡摄取到碳水化合物、蛋白质、脂肪、维

Tips 让食物变咸的方法

从现在开始，最好让孩子略微尝一些咸味，妈妈感觉“太淡了”的程度即可。盐或酱油1/4小勺、糖1/3小勺、黄油2/3小勺是比较合适的。在为孩子烹饪食物时尽可能减少使用调味品，因为调味品不仅对健康没有好处，还会掩盖食物本身的味道。为孩子烹饪食物时，可以采用一些天然的原料来调味，例如鱼干粉、海带粉、虾粉等。

Tips 孩子不吃肉，只吃蔬菜怎么办

如果孩子只吃蔬菜，很容易造成摄入蛋白质或者铁不足。从6～8个月开始，在孩子的每顿饭中，都应该有一种富含蛋白质的食品，可以是肉、鱼，也可以是鸡蛋、豆腐或其他豆制品。富含蛋白质的食品不太好消化，所以要做得碎一些、软一些。孩子不喜欢吃肉，大多是因为肉有腥膻味，在烹饪肉类的时候，可以滴入1～2滴清酒去除膻味，再加入一些蔬菜。这样，孩子会更容易接受。

生素、矿物质五大营养素。了解了哪些食物包含哪种营养以后，在确定菜单的时候，要尽量保证使用的材料包含这几类营养素。

拒绝快餐食品 快餐食品含有大量糖分、食品添加剂、动物性脂肪等，是绝对不能推荐给孩子食用的。对于这个时期的孩子来说，有可能吃到最多的快餐食品，应该就是方便面了。可能有些妈妈认为，方便面煮熟后，把水倒掉，孩子就不会吃到有害的物质了。实际上，方便面面条本身就包含很多添加剂和对身体没有好处的脂肪。因此，绝对不能给孩子吃方便面等快餐食品。从另一角度来说，如果从现在开始就让孩子习惯了快餐食品的口味，他（她）很可能会对其他食物失去兴趣。

吃多少合适呢

下面是儿科医生建议13～24个月孩子的用餐量（表1.1、表1.2和表1.3）。不过，因为每个孩子的习惯和喜好不一样，当孩子不肯再吃的时候，没必要强迫孩子根据这个“标准”来吃东西。

表1.1 离乳期孩子一日所需热量和营养

热量	蛋白质	钙	铁	维生素A	维生素C
1200千卡	25克	300毫克	10毫克	350微克视黄醇当量	40毫克

译注：1千卡=4.184千焦耳。

表1.2 离乳期孩子一日用餐时间表示例

6点	8点	10点	12点	14点	18点	21点
鲜牛奶或豆奶（15个月之前是奶粉）	幼儿食品	点心	幼儿食品	点心	幼儿食品	鲜牛奶或豆奶（15个月之前是奶粉）

表1.3 离乳期孩子一日所需食物分量以及进食次数

13～15个月		16～24个月	
喝奶3次，每次200～240毫升		在孩子想喝的时候就喝	
吃饭3次		吃饭3次	
一次的量	软米饭 60～80克 煮熟的蔬菜20～30克 鸡蛋1/2个 碎鱼肉25克 切碎的肉25克	一次的量	软米饭 100～120克 煮熟的蔬菜40～50克 鸡蛋1个 碎鱼肉35克 切碎的肉35克
一天的量	油脂类5克 果实类30～60克	一天的量	油脂类10克 果实类50～100克

05

断奶，告别奶瓶

到了这个时期，母乳喂养的孩子应该准备断奶了，吃奶粉的孩子也应该告别奶瓶，改用杯子了。那么，这项看似困难的工作，应该从什么时候开始，又应该怎样开始呢？

应该什么时候断奶

母乳喂养的孩子，如果辅食吃得不错的话，在周岁以后就应该是通过辅食摄取主要营养，而不再是通过母乳了。周岁以后，孩子就没有必要一定吃母乳了。联合国儿童基金会建议母乳喂养至2岁，这主要强调的是“母乳是最好的食物”。但如果到2岁了，孩子还只吃母乳，是绝对不行的。最合适的断奶时间是在周岁以后，孩子能够很好地接受辅食，并且孩子自身也有这样的愿望时。

断奶为什么很难

从营养学角度看，孩子周岁以后，母乳已经对他（她）没有太大的意义了。事实上很多妈妈都忽略了这一点，并没有打算这时候给孩子断奶。对孩子来说，母乳并不只是简单的果腹之物。当孩子感到无聊或是有压力的时候，投入妈妈温暖的怀抱，含着乳头，可以获得极大的慰藉。另外，习惯睡觉前吃奶或含着奶头入睡的孩子，断奶会更加困难。因为孩子已经养成了习惯：只要奶嘴或乳头从嘴里离开，孩子就会立刻睁开眼睛，嘴里也会跟着发出声音。因此，要想断奶，首先必须从纠正孩子的入睡习惯开始。如果一直让孩子把吃奶和睡觉这两件事联系在一起，那么给孩子断奶就会很难成功。

Tips 圆白菜对胀奶的特效作用

孩子断奶期间，妈妈可能会因为胀奶出现乳房发热或疼痛的情况。这时候，可以准备一片圆白菜的菜叶，放进冰箱略微冷藏一会儿，拿出来后在中间剪一个洞，盖在乳房上，再戴上胸罩，一直到菜叶变蔫变热再拿掉。令人感到神奇的是，圆白菜叶的确可以为乳房降温，并缓解胀痛。疼得很严重的时候，吃一些镇痛药，或用凉毛巾冷敷，也会有一定的效果。

计划断奶的注意事项

至少从计划断奶两个月之前开始准备　断奶应该是一个比较长的过程，通常是从孩子5～6个月的时候逐渐开始，完成期在孩子12～15个月。因此，在决定要让孩子断奶以后，下一步要做的，不是考虑什么时候“断”，而是逐渐减少哺乳量和哺乳次数。在断奶的时候，还要特别注意，如果故意饿着孩子，或在乳头上涂辣椒来刺激孩子，那么会得不偿失。

给孩子一个心理寄托　对孩子来说，母亲的乳汁是巨大的心理慰藉。因此，对一直迷恋母乳的孩子来说，断奶可能使他（她）产生没有得到满足的空虚感。在这个特殊的时候，不要粗暴地抢走孩子喜欢的娃娃或其他玩具，要让孩子从玩具中得到充分的安慰。

充分满足孩子的吸吮要求　这个时期的孩子，还存在一定的吸吮要求。可以给孩子一个安抚奶嘴或牙胶等，不过最好不要给孩子奶瓶。孩子周岁以后，奶瓶也是应该戒掉

的东西。

不要喂奶　如果孩子有夜里吃奶的习惯，决定让孩子断奶以后，就不要再在夜里给孩子吃奶了。可以把孩子抱起来拍一拍，或给他（她）唱催眠曲，讲故事等。

照顾好断奶后的宝宝

无论妈妈是按照多么周密完善的计划为孩子完成了断奶，对孩子来说，还是会感到一定的失落和压力。因此，断奶以后，妈妈应该给孩子更多的关心与疼爱。最好能经常抱孩子，温柔地给他（她）唱歌，和孩子一起玩沙子。如果孩子每天早上都想要吃奶，可以让爸爸来喊他（她）起床。这样，不但使孩子对母乳的思念慢慢变淡，而且可以与爸爸建立亲密的关系。还可以通过其他方式来满足孩子断奶后的情绪失落。

告别奶瓶，越早越好

在周岁以后，吃奶粉的孩子，应该告别奶瓶，改用杯子喝奶了。在孩子满12个月以后，告别奶瓶的时间越早越好，因为这个时期的孩子最容易接受变化。过了这个时期，大多数孩子更加习惯使用奶瓶，并且在心理上对奶瓶产生一种依赖感，甚至夜里也要抱着奶瓶睡觉，这当然是一种很不好的睡眠习惯，而且对孩子的口腔卫生不利。孩子其实是可以在12个月之前就学会用杯子喝奶的。从7～8个月开始，每次吃完东西以后，把奶倒在杯子里喂给孩子喝，孩子慢慢就会接受这种方式了，以后告别奶瓶也会容易很多。如果之前没有那样做，那么从现在开始，在孩子吃完饭以后，让他（她）练习用杯子喝果汁或奶。

刚开始用杯子的时候，孩子难免会把奶或水洒得到处都是，脸上、手上、桌子上、椅子上都会很脏。不要责备

Tips 不吃药也可以减少乳汁分泌

孩子周岁以后断奶，相对来说是比较容易的。在这个时期，母亲身体会很自然地减少母乳的分泌量。如果奶水一直都很多，就要采取一些措施。比如，每天有一次在奶水最少的时候不要喂奶，让孩子吃奶粉。如果以前是每天喂4次母乳，现在就减为3次，这样过2～3天以后，乳房就会适应这种新节奏，减少乳汁的分泌量。再过2～3天，再减少一次母乳，同时再给孩子增加一次奶粉。在此基础上，再过3～4天，再减少一次。

在减少母乳的过程中，如果感到奶胀，乳房变硬，感觉不适，就算不是哺乳时间，也可以喂孩子10～15秒母乳。这样做既不会刺激乳腺，又能消除乳房疼痛感。要注意的是，喂奶的时间一定要很短，如果超过5分钟，乳房就会得到信息，“啊，原来还需要更多的奶”，又重新增加乳汁的分泌。这样一来，之前的努力就都白费了。为了防止这种情况发生，感到乳房胀痛的时候，可以用双手轻轻按摩，或用吸奶器把奶吸出来。

孩子，应该鼓励他（她）。对孩子来说，这其实是一个很有趣的体验过程。刚开始用杯子喝奶的时候，可以从每天用杯子喝15毫升开始。如果孩子没有兴趣，也不要强迫他（她）。一般来说，很多孩子开始都是每次喝一口，到12～18个月，才能每次喝好几口。

引导孩子跟奶瓶说“再见”

到2岁的时候，孩子已经可以听懂大人的很多话了。这时候就可以跟孩子说，“宝宝已经长大了，应该和奶瓶说‘再见’喽。”还可以和孩子商定跟奶瓶说“再见”的时间。有的妈妈在扔垃圾的时候，和孩子一起把奶瓶放进垃圾袋，挥手说声“再见”，然后把奶瓶和垃圾一起扔掉，并和孩子约定，从明天开始，不再用奶瓶，而改用杯子喝奶。当然，也有些孩子过几天又会问起或想起奶瓶，可以和他（她）再重新温习一遍与奶瓶的告别仪式，帮助孩子逐渐接受这个变化。

06 让孩子好好吃饭

周岁以后的孩子，运动量急剧增加，每天都在跑啊跳啊，饭量也有了很大的变化。可有些孩子，一到吃饭的时候，不是往外吐，就是到处跑不肯吃。看着孩子日渐消瘦，妈妈愁在脸上，急在心里。

不吃“饭”的孩子与“不”吃饭的孩子

关于“不吃饭”，可以有两种解释。一种是喜欢吃其他的东西，只是不喜欢吃“饭”。每天喝1000毫升牛奶，吃各种零食。可到了吃饭时间，想让孩子坐下来好好吃饭，他（她）却吃得很少，或干脆一口不吃。这主要是由于孩子养成了一种错误的饮食习惯。其实，妈妈只要稍做努力，就完全可以改变这种状况。另一种情况是，孩子不仅不吃“饭”，连其他的东西，如牛奶、水果、点心等一概拒绝。如果孩子出现这种情况，可能是因为食欲不振或脾胃虚弱，不能很好地吸收营养。这时候，不妨带孩子去医院检查一下，或看看中医，寻求一些专业的办法。

可以让饭变得更好吃

13～24个月的孩子，已经可以告别流食，和家人一起坐在餐桌前吃饭了。这时候，孩子的口味越来越多样，并且孩子对食物的口感、味道等都有自己的喜好。

Tips 医生推荐的解决食欲不振的六个方法

拒绝快餐食品 油炸食品、方便面、比萨饼等快餐食品热量高，还会刺激肠道。所以，最好对这类食品说“NO”。

多给孩子称赞和鼓励 称赞的效果要比责备好十倍。在孩子吃得好的时候，一定不要吝惜你的真心称赞。

让孩子感受到咀嚼的乐趣 如果一直让孩子吃特别软烂的食物，甚至是流食，虽然可以为孩子免去咀嚼的麻烦，但剥夺了孩子享受咀嚼乐趣的权利。这也很容易造成孩子严重偏食。所以，最好能依照年龄，给孩子准备一些有硬度的食物。

父母以身作则 如果父母本身就偏食，随着孩子越来越大，让他（她）“不要挑食”就会没有任何说服力。

经常摩挲孩子的肚子和后背 后背上有对应身体内脏的穴位，最好能经常摩挲孩子的肚子和后背，直到微热的程度。这样可以增强消化器官的活力，促进营养吸收。

如果情况依然没有改善，可以去看中医 每个孩子食欲不振的原因都是不一样的，可通过适当的治疗来恢复孩子的脾胃功能，让孩子能够好好吃饭，身体强健。

减少奶量 这个时期的喂养重点，已经不再是让孩子喝更多的奶，而应该让孩子尽量增加与固体食物的接触机会，尝试更多、更丰富的味道了。在这个阶段，可以把牛奶的量减少到400毫升（每天2杯）。

固定吃饭时间 很多时候，孩子会因为想继续玩儿而不肯吃饭。这时候，孩子吃不吃饭当然是个重要的问题。不过，即便这样，也绝对不能追着孩子喂饭。必须帮助孩子养成这样的习惯：到了吃饭时间就要坐在餐桌前，30分钟后收拾桌子。起初，孩子可能不合作，不过不必担心，一般一周后孩子就会接受这种方式了。

吃饭时间不生气 无论对妈妈，还是对孩子来说，吃饭都应该是一件让人愉快的事情。吃饭的时候，最好不要催孩子。如果一直被催促，孩子会觉得吃饭很紧张。吃饭的时候，可以聊聊天、听听音乐，也可以注视着孩子的脸，或轻轻摩挲孩子的身体。要知道，这个时期的孩子本来注意力就特别容易分散。嘈杂的声音、有人大声说话，甚至电话铃声，都会干扰孩子好好吃饭。这时候，一定不能发脾气，要尽量帮助孩子把注意力集中到饭菜上，一直到吃完为止。

让孩子慢慢适应新食物 当吃到一种新食物的时候，孩子可能出现恶心的情况，特别是那些对味道和口感特别敏感的孩子，情况可能更严重。怎样解决这个问题呢？如果食物是一大块，可以分成小块，让孩子逐个进食，也可以和喜欢的食物混在一起让孩子吃。如果孩子吃完饭以后觉得恶心，通常是因为他（她）本来不太饿，发生积食的缘故。如果孩子一直不肯吃某种食物，可以等待两个星期再给他（她）吃。比如，孩子每次吃胡萝卜都吐掉，试着连续两周不吃胡萝卜，然后把胡萝卜与孩子喜欢的食物一起烹饪，然后慢慢增加食物的量，孩子逐渐就会接受这种食物了。

中医对于食欲不振的六种解释

脾胃功能下降 出现食欲不振，最大的原因就是脾胃虚弱。一般来说，脾胃功能（消化功能）比较弱的孩子，经常是过了正常吃饭时间，就没了食欲。而且，这些孩子脸色黯淡，偏食严重，总是觉得肚胀。这时候，妈妈要做的，就是先调节孩子的脾胃功能。

积食 引起食欲不振的另一个原因是积食。这里所说的积食，不单是指吃得太多。孩子拒绝食物，或手脚发凉、额头微热，出现恶心干呕、大便干燥等，都是积食的表现。

胃热 胃热的孩子，大多数会出现食欲不振的情况。消化食物的时候，胃会产生很多热量。当这些热量集中到一起，需要发散却发散不出去的时候，就会在胃中积聚，导致食物无法被消化。这样的孩子经常会出现流鼻血、口腔有异味等症状。

元气不足 这一类孩子大多从出生开始，体重就比同龄孩子略轻。无论是吃母乳还是吃奶粉，都吸收得不太好。他们胆小，容易受惊吓。发育方面，这类孩子也会稍显落后：出牙晚、头发稀疏、皮肤缺乏光泽，等等。这时候，应帮助孩子增强身体的基本素质。

快餐食品弄坏了孩子的胃口 过多食用快餐食品，会导致食欲不振。快餐食品的口味刺激性都比较大，如果孩子经常食用这类食品，不仅会降低胃肠功能，还会出现偏食的情况。

压力过大 压力过大是孩子食欲不振的一个重要原因。对孩子过分宠爱或完全忽视，都是不正确的。经过比较艰难的过程才生下孩子、之前的孩子因为意外死亡、孩子有残疾、夫妻关系不好，等等，这些原因都有可能让父母对孩子过分溺爱，或对孩子置之不理。对孩子来说，这两种情况都是伤害。

07

这个时期的孩子，已经告别了婴儿期的辅食，告别了母乳和奶粉，开始正常吃三顿饭了。可是，只吃三顿饭，孩子能够摄取到足够的营养吗？每位妈妈可能都曾有过这样的问题，要不要给孩子吃营养保健品呢？

关于营养保健品，你所不知道的事情

儿科医生建议，不要给孩子食用任何营养保健品

不知从什么时候开始，很多妈妈尝试给孩子吃各种营养保健品。复合维生素、补钙的、补锌的，等等，营养保健品的种类也是花样百出。可是，大部分儿科医生认为，这些营养保健品对孩子并不会有很大帮助。真正需要这些营养保健品的，是那些早产的孩子，或在营养吸收方面存在障碍的孩子。对一个健康的孩子来说，完全没有必要吃营养保健品。儿科医生认为，日常的三顿饭以及两餐中间的点心，已经能够让孩子充分摄取到生长所需要的各种营养了。儿科医生还特别建议，这些营养保健品如果一定要吃的话，必须严格按

剂量服用。有些营养保健品，如果摄取过度的话，反而会给孩子造成伤害。

令人烦恼的四大营养素

有些营养素，如果摄取不足，的确会对孩子的生长发育产生影响。不同的营养素有什么不同的作用，过度摄取营养素有哪些危害，这都是妈妈在选择营养素时必须要了解的问题。

容易缺乏的两种营养素

铁 因为铁与智力发育有着密切的关系，对这个时期的孩子来说，铁是最应关注的一种营养元素。铁参与制造大脑所需的神经递质。如果孩子缺铁的话，会影响大脑正常发育。缺铁的孩子，通常表现为注意力不集中、智力发育落后等。更严重的是，如果孩子因为铁摄入不足而导致缺铁性贫血的话，以后即使贫血得到治疗，智力方面也很难得到恢复。孩子缺铁与过度食用鲜牛奶有一定关系。如果孩子每天食用1500毫升鲜牛奶，会引起肠道微量出血，导致铁元素流失。另外，鲜牛奶中几乎不含铁，即使有，也难以吸收。如果感觉孩子存在这方面的问题，最好带孩子去做一个血常规检查。

锌 缺锌会导致身材矮小，生长发育缓慢。缺锌的孩子很容易出现食欲不振，皮肤上出红疹，伤口不易愈合等情况。对孩子来说，锌的主要来源就是母乳。鲜牛奶等乳制品中的锌含量是很少的。如果孩子长期喝鲜牛奶，很容易导致缺铁及缺锌，要特别引起注意。

容易摄入过度的两种营养素

维生素 维生素是非常重要的物质，只要很少的量，就可以帮助人体正常运转。维生素A可以帮助人在暗光下看清物体；B族维生素缺乏会导致食欲下降，皮肤出现炎症；维

Tips 孩子是真的“虚”吗

在下列问题中，如果达到7条以上，则表明孩子的身体状况较同龄孩子虚弱，最好去医院做进一步检查。

1 经常得类似的病。

2 在没生病的情况下，经常冒冷汗。

3 身体和精神发育比同龄孩子晚。

4 在没生病的情况下，经常没有食欲。

5 春天没有胃口。

6 身高与体重不成比例。

7 总是生病，或处在病后恢复状态。

8 虽然没生病，但经常感到疲劳。

9 经常感冒。

10 贫血。

生素C可以使细胞功能更活跃，缺乏维生素C，可能会引发坏血病；维生素D是骨骼和牙齿发育所必需的，它有助于钙和磷的吸收。维生素A、B族维生素和维生素C主要是通过食物摄取的，维生素D则须要通过适当的日照，由身体自己产生。事实上，孩子因服用营养保健品而过量摄取维生素的事情并非少见。虽然大多数维生素人体可以按照需要摄取和排泄，但有一些维生素会堆积在体内，并对身体产生不良的影响。维生素A和维生素D就属于这种情况。过度摄入维生素A，不仅对大脑发育没有好处，反而会引起腹痛、肝肿大等。随着身高的增长，如果孩子过度摄取维生素D，体内会积聚一些不需要的钙，并转化成结石。

钙 最近，很多人都很关注钙的问题。因为生长期的孩子骨骼生长速度很快，钙是必不可少的。乳制品已经为生长期的孩子有效地补充了钙质。如果孩子在饮食和生长发育方面没有问题，无须一直服用补钙药品。不要随便给孩子吃钙片。如果不是医生建议孩子通过药物补钙，最好还是不要吃药物钙。

08 把小儿肥胖遏制在初级阶段

孩子是小儿肥胖吗

现在，很多13～24个月的孩子都超过了标准体重，不过，这是孩子固有的生长节奏，这个时期的超重导致成年后肥胖的只有10%左右。12个月以后，由于活动范围更广，运动量更大，而且身高也增加得很快，很多孩子反而显得有些瘦了。妈妈觉得自己的孩子太瘦时，就会想尽一切办法让孩子多吃。如果孩子在这个时期养成了错误的饮食习惯，很容易导致肥胖。与其让孩子吃得太多，体重增加过快，操心怎样减肥，还不如尽快帮助孩子养成一个良好的生活习惯。

不要一次吃得太多　在这个时期，孩子的食欲随时都会发生变化，经常出现这样的情况：孩子这顿饭吃得肚子圆溜溜的，下一顿却一口都不肯吃。如果在孩子想吃的

Tips 小儿肥胖

肥胖，指的是身体里的脂肪过度堆积。肥胖是导致心脏病、糖尿病、高血压的原因之一。成人肥胖的人群中，有10%是从小就体重超标的。

下面就是小儿肥胖的两种判断标准。

体重指数在95%以上

体重指数=体重（千克）/身高^2（米^2）

（1）肥胖危险人群：体重指数 85%～ 90%

（2）肥胖：体重指数>95%

计算肥胖度，结果在20%以上

肥胖度=｛（实际体重-标准体重）/标准体重｝×100%

（1）轻度肥胖：20%～30%。

（2）中度肥胖：30%～50%。

（3）重度肥胖>50%。

译注：标准体重（千克）=身高（厘米）-105，中国儿童无体重指数及肥胖度计算标准，常利用体重、年龄百分位数评估营养状况。

时候，让孩子吃得过多，孩子的胃就会变大，食量也会越来越大。

吃饭要有规律 白天，应该让孩子按照一定的时间间隔，有规律地吃饭。13～24个月的孩子，一般一天要吃4～6顿。吃饭不规律，也是造成肥胖的一个主要原因。

经常称体重 定期测量身高和体重，随时发现孩子不正常的情况。

多做户外活动 增加孩子的户外活动时间，让孩子经常活动身体，以此增强孩子的活动能力。

均衡摄取营养 有规律地吃饭，可以为孩子提供生长所需的各种营养。孩子每天摄取的热量，一般是1千克体重约80～90千卡（译注：我国为1千克体重约100千卡）。

睡觉之前及睡觉过程中不吃东西 睡觉之前喝很多奶或吃很多辅食，睡觉过程中醒来吃东西，都是非常不好的习惯。千万不要认为，孩子睡觉前就一定要吃奶。

09 帮助孩子长高的按摩法与体操

如果想让孩子有个高大的身材，一定要让孩子从小养成良好的生活习惯。虽然后天的努力并不能改变遗传的力量，但对孩子生长有一定的帮助。这是毋庸置疑的。

有助于孩子生长的按摩法

按摩可以刺激孩子的生长点，帮助孩子长得更高。按摩既能增加与孩子亲密接触的机会，又能促进孩子的生长，实在是一举两得的好事。

按摩足三里穴　从膝关节的凹陷处向下，约四个手指宽度的位置，就是足三里穴。用拇指或食指按压足三里穴2～3分钟。

功效：按摩足三里穴，非常适合身体虚弱、生长缓慢的孩子。如果坚持按摩足三里穴，可以加强消化功能，有助于营养吸收，并且能够增强下肢力量。

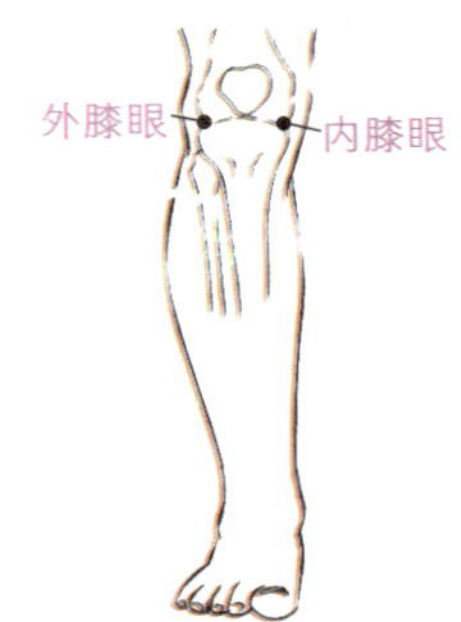

按摩内膝眼、外膝眼　内膝眼、外膝眼分别位于膝盖骨两边的凹陷处，膝盖骨里边的叫内膝眼，外边的叫外膝眼。可以用拇指和食指同时按摩这两个穴位，用力按压2～3秒后收力，重复20次。

功效：连接大腿和小腿的内膝眼、外膝眼，是生长点集中的地方。经常按摩这两个穴位，可以促进腿骨的生长。

按摩腹部　以肚脐为中心，用整个手掌，按照顺时针方向按摩腹部。这样可以促进消化与排便。

功效：摄取充足的营养是生长的根本。通过腹部按摩可以提高消化吸收功能，自然而然也就可以促进孩子生长了。

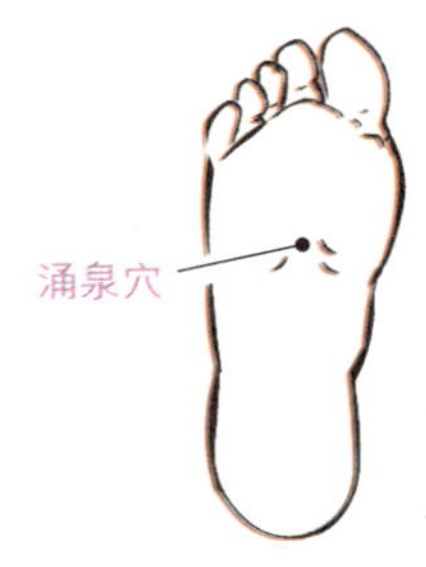

按摩涌泉穴　脚掌前边1/3左右的位置有一个凹陷的部

分，就是涌泉穴。用拇指向脚趾方向推按涌泉穴100～300次。

功效：按压孩子的脚趾尖和手指尖，可以刺激末梢神经，有助于孩子长高。特别是推按涌泉穴，可以降胃热，增强肾脏功能，有助于生长发育。

按摩腿 让孩子躺好，向下拉伸孩子的双腿，再放开，如此重复10次。用双手按摩大腿到脚踝的部分，重复20次。这种腿部按摩，最好每天重复多次。

功效：拉伸、揉搓双腿，可以让腿长得更直。从整体上刺激腿部的穴位，对于腿骨和肌肉的生长及矫正腰、骨盆、腿骨的位置等都有一定效果。

有助于孩子生长的体操

孩子2岁以后，可以帮助他（她）做一些适当的体操。如果孩子运动功能发育较好的话，最好能从18个月就开始。

趴着抬头 让孩子趴着，像不倒翁那样，头和腿最大限度地向上抬。这时候，可以向前伸开手臂，支撑住上体。当孩子熟悉了这个姿势以后，妈妈还可以用两只手抓住孩子的脚踝，向上提拉孩子的双脚，让孩子做出要飞翔的姿势。

功效：不倒翁姿势可以正确矫正腰和骨盆的位置，并能够刺激腰部的生长点。还可以让孩子学会肚子用力。这种姿势可以促进肠道运动，有预防便秘的作用。

坐着前倾上体 让孩子双腿向两边打开，坐好，在张开双腿的状态下，身体向前倾。如果双腿无法打开得很大，可以按照孩子的情况，让他（她）尽可能张到最大程度后前倾上体。

功效：坐着前倾上体，可以刺激身体末端部位的经穴，除了可以促进生长以外，对于大脑发育也很有好处。重复这个姿势，还可以使胸部变宽，增强呼吸功能。

躺着骑自行车 让孩子躺在地板上，双腿向上弯曲成90度，妈妈抓住孩子的双脚，好像骑自行车那样帮助孩子

Tips 有助于孩子长高的食物

1～3岁期间，孩子每天需要的钙是600毫克。下面是部分食物每100克的钙含量。

- 干虾，555毫克。
- 鱼片干，106毫克。
- 芝士片，1000毫克。
- 鲚鱼（小凤尾鱼），78毫克。
- 紫菜，422毫克。
- 秋刀鱼罐头，1385毫克。
- 牛奶，120毫克。
- 菠菜，66毫克。

蹬腿。在活动过程中，可以通过调节速度来增加趣味性。

功效：躺着骑自行车，可以刺激膝盖的生长点，锻炼腿部力量。

面对面坐着拉胳膊 妈妈和孩子面对面坐好，然后相互抓住胳膊，轮番向自己这边拉。这时候，如果把前面学习过的坐着前倾身体的动作融入其中，会更加有意思。

功效：面对面坐着拉胳膊的动作，可以拉伸后背和腿部的肌肉，对全身的气血循环都很有好处。

背靠背互相背 妈妈和孩子背靠背站好，然后妈妈屈膝坐下，上体前倾，背起孩子。孩子躺在妈妈后背上的时候，要收起双腿。

功效：孩子被妈妈背在背上的时候，有助于矫正脊椎的位置。身体向后仰的姿势，可以使胸部外展、下腹用力，有利于孩子的身心健康。

13～18个月的孩子

转圈 拉着孩子的手，让孩子脚尖离地，然后拉着他（她）转圈。这时候，要把孩子的胳膊充分拉直。要注意，不要因为离地太高或转得太快而让孩子感到害怕。

爬椅子 让孩子双臂扶在椅子上，然后向上提起孩子的一条腿，慢慢将孩子的脚放到椅子上。这时候，妈妈要固定好椅子。如果孩子上得很费力或感到害怕，妈妈可以在后面托一下孩子的屁股。

站在枕头上 让孩子独自站在一个宽大的枕头上，要尽量站在中心点上，然后张开双臂。

提起来 让孩子躺着，妈妈用一只手抓起孩子的两个脚踝，用另一只手抓住孩子的双臂。慢慢向上拉，把孩子提起来。这时候，妈妈要特别注意：不要扭到孩子的膝盖。

以胸碰腿 孩子和妈妈坐好。让孩子弯腰，尽量用双手抓脚指头。这时候，妈妈可以轻轻按压孩子的后背。让孩子持续这个动作5～10秒后起来，再重复。

19～24个月的孩子

倒立 让孩子舒服地躺好，然后抓住孩子的两个脚踝，缓缓提起，让孩子的屁股、后背、肩膀、头逐渐离开地板。放下孩子的时候，要等孩子的后脑勺着地后，再按照肩膀、后背、屁股的顺序依次着地。

钻隧道 妈妈用双手和两个膝盖撑在地上，把身体做成一个隧道的样子，然后让孩子从下面钻过去，再钻回来。

10 提高免疫力，抵御感冒的侵袭

同样是在寒冷的天气里，有的孩子经常感冒，有的孩子却身体健壮。这是因为每个孩子的免疫力有所不同。小时候的免疫力，在一定程度上会决定孩子一生的健康。那么，怎样才能提高孩子的免疫力呢？

免疫力到底是什么

所谓免疫力，是人体自身的一种防御机制，可以抵御威胁生命的各种外部侵袭。我们的身体里存在着一套免疫系统，这套系统可以击退病原菌等外部攻击，从而战胜疾病。不过，在现代社会中，环境越来越整洁，医学越来越发达，身体受到病原菌侵袭的机会也越来越少，身体里的免疫系统也就失去了与这些病菌面对面斗争的机会。很多人认为，现代人的免疫力比起以前的人，已经降低了许多。

提高免疫力的九个生活原则

保证充足的睡眠 睡得不好，会让孩子感觉非常疲倦。特别是这个时期的孩子，每天的活动量很大，如果睡不好，孩子就会情绪烦躁、爱黏人。睡眠不好，还会导致人体肾上腺释放的去甲肾上腺素、肾上腺素等化学物质增加，而这些化学物质增加是降低免疫力的一个重要原因。因此，13~24个月的孩子，每天应该保证13小时以上的睡眠。如果孩子的睡眠少于7小时，就很可能会导致孩子发生运动障碍，甚至免疫力降低。所以，如果想提高孩子的免疫力，最重要的就是保证孩子充足的睡眠。

Tips 先天免疫力和后天免疫力

经常感冒的原因大致包括先天免疫力低下和后天免疫力低下两种情况。所谓先天免疫力，指的是孩子在妈妈肚子里时从妈妈那里获得的免疫力。这种免疫力可以让孩子在出生6个月之前几乎不生病。不过，先天免疫力低的孩子，在刚出生的6个月里也会经常感冒。这些孩子感冒以后，经常发高烧，还伴有咳嗽。有些孩子，虽然出生的时候很健康，不过，出生后不良的生活习惯也会导致免疫力低下。6个月以后，先天的免疫力消失，通过生活习惯以及日常饮食形成的免疫力就是后天免疫力。后天免疫力低的孩子，感冒以后经常会出现鼻塞、流鼻涕的情况。这类孩子只要一感冒，就会食欲下降，出现腹泻或呕吐等消化问题。即使其他症状消失了，流鼻涕也还会持续很长时间。后天免疫力低的孩子感冒后也会咳嗽，但不是干咳，而是伴有痰。

要想提高免疫力，就要让孩子吃到营养丰富的食物和新鲜的水果，还要为孩子营造一个舒适的睡眠环境，并保证孩子充足的睡眠时间。

远离电磁辐射 虽然目前还没有明确的证据表明电磁辐射对人体的有害程度，但种种研究都表明，它的确是会伤害到人的健康。美国约翰霍普金斯大学的马塔诺斯基博士认为，电磁辐射会妨碍人体细胞中DNA和RNA的功能，降低免疫力，引发癌症、流产、神经痛等。还有报告显示，如果父母长期处于电磁辐射环境中，他们的孩子因脑癌死亡的几率要比其他孩子高2倍；生活在电力线周围的孩子，白血病发病率要比其他孩子高2～3倍。因此，几乎可以确定，电磁辐射会对孩子造成伤害，并且降低其免疫力。要想避开电磁辐射，首先就是不能在孩子的房间放置电脑、电视机、吸尘器、微波炉等，这些都是会产生电磁辐射的电子产品，最好不要让孩子接触这些产品。另外，一定要记得：在用过这些产品之后要拔掉电源插头，如果只是关闭电源，没有拔掉插头的话，电磁辐射仍然会存在。

多和同龄孩子一起玩 过了周岁，当孩子可以蹒跚走路的时候，妈妈可以经常带孩子到公园里，让他（她）和其他孩子一起玩。对于13～24个月的孩子来说，与其他孩子相处，其实是一个很大的挑战，应该尽可能地给予鼓励。和很多伙伴一起成长的孩子，免疫力比较高。从这时候开始，就应该有意识地增加孩子与其他孩子共处的机会和时间。

经常按摩 根据美国迈阿密佛罗里达州立大学一个研究所的报告，经常得到妈妈温柔按摩的孩子，身体发育要比其他孩子更快，免疫力也更强，而且这些孩子情绪稳定，睡眠质量好。还有研究显示，在孤儿院长大的孩子，即使摄取到了足够的营养，平均身高也比同龄孩子矮。这是因为，按摩等肌肤接触，可以降低体内影响免疫力的激素。用手温柔地按摩孩子的肚子和后背，不仅可以稳定孩子的情绪，对孩子的健康也大有好处。

经常进行日光浴 紫外线的危害是众所周知的，因而现在有很多妈妈会给孩子涂抹防晒霜，不过这会使孩子因为缺乏日照而导致维生素D不足。经过阳光照射后，人体自身能产生维生素D。维生素D有助于生长期孩子的骨骼与牙齿发育，并能够提高其免疫力。因此，平时通过日光浴让皮肤得到适当锻炼，可以很好地减少感冒和过敏。进行日光浴的最佳时间是上午10～12点，可以在这个时间带孩子到户外活动。如果刮大风或天气特别寒冷，可以带孩子在阳台上进行日光浴。

多吃含有丰富DHA的鱼类 DHA是大脑生长发育的重要物质，它可以刺激大脑活动，并提高免疫力。不过，有一个问题，就是DHA是人体无法制造的，必须要通过食物进行摄取。沙丁鱼、鲣鱼、金枪鱼、银白鱼、鲭鱼等鱼类都含有丰富的DHA。

多吃富含膳食纤维的食物 免疫力低下的人，通常易患一些成人病以及癌症。对于重金属、胆固醇等可能引起成人病的元素和各种致癌物质，膳食纤维有助于它们排出体外。考虑到孩子的未来，最好能让孩子从小开始吸收膳食纤维。谷物的表皮中含有大量的膳食纤维，还可以让孩子多吃一些小米、大麦米、豆子、粟米、红小豆、玉米、薏米等。海带等也含有丰富的膳食纤维，在烹饪食物的时候，可以适当增加以上食材。

多吃含有丰富维生素和矿物质的蔬菜 维生素和矿物质非常重要，它们可以产生多种酶，这些酶有助于身体吸收各种营养，还可以提高免疫力。如果没有充分摄取维生素和矿物质，即使吃再多营养丰富的食物，也无法提高免疫力。维生素和矿物质最好通过食物摄取，因此应该多给孩子吃含有丰富维生素和矿物质的蔬菜。

坚果可以帮助孩子缓解压力 核桃、松子、花生等坚果，含有大量人体必需的脂肪酸、蛋白质、矿物质、维生素等。这些坚果的营养成分，对于提高对抗压力的免疫力也有一定帮助。

经常感冒并不代表免疫力低

很多妈妈认为，孩子经常感冒就是免疫力低的缘故。韩国束草涵小儿中医院申东吉院长却有不同的看法。他认为，2岁左右的孩子经常患感冒，不一定是因为免疫力低，这个阶段，孩子免疫功能还不健全。就如同有报告显示，经常患感冒的孩子长大后得癌症的几率很小一样，感冒也会对身体产生好的影响。换句话说，感冒恰恰使身体内的免疫系统更加活跃。孩子得几次感冒，免疫力也会得到提高。感冒就相当于一个练习对象，让身体在遇到大病的时候可以应对自如。但如果孩子得了重感冒，在与病毒的抗争中须要消耗大量精力，正常的生长发育可能会停止两周左右。所以，经常患重感冒的孩子，在生长方面也会出现问题。不过，经常得一些小感冒，确实可以增强孩子的免疫力。

11 防止感冒后期出现中耳炎

什么是中耳炎

中耳炎，顾名思义是中耳出现炎症的疾病。耳朵和鼻子是相通的，咽鼓管连接着耳朵和鼻子。成人的咽鼓管是又长又窄的曲线形态，它的作用是防止鼻子或嗓子的分泌物进入到中耳。但是，儿童的咽鼓管是直的，而且比成人的短，鼻子或嗓子的分泌物很容易进入到孩子的中耳里，引起炎症。有报告显示，3岁以下的孩子中耳炎的发病率占全部中耳炎患者的三分之二，而其中，又有一半左右是不足12个月的孩子。而且，周岁之前得过中耳炎的孩子，在2岁之前很有可能会再得。孩子每次出现中耳炎以后，都必须及时进行治疗。如果急性中耳炎转化成慢性中耳炎，甚至出现鼓膜化脓，就会影响正常的听力。如果孩子在语言爆发期内出现听力障碍，就会影响语言发育。所以，3岁以下的孩子得了中耳炎，须尽快治疗。

为什么感冒会导致中耳炎

孩子感冒后患中耳炎，多是因为鼓室黏膜出现炎症所致。所以平时一定要保持咽鼓管的畅通，如果咽鼓管出现堵塞，液体积存，时间长了的话，耳朵里的压力就会降低。压力降低以后，细菌就很容易通过鼻咽部侵入中耳，引起中耳炎。如果感冒的时候经常擤鼻涕，鼻子里的压力就会增高，细菌很容易从咽鼓管进入中耳，这也会增加中耳炎的发病率。

孩子得了中耳炎，怎么办

擤鼻涕的时候要小心 擤鼻涕的时候，要擤完一边再擤一边，以减轻对咽鼓管的压力。

不要游泳 感冒以后，由于鼻塞，导致耳道有一些堵塞，如果此时游泳，耳朵浸入水里，就会出现气压差，使中耳炎进一步恶化。

保持家里的环境清洁 尽量减少刺激鼻子和嗓子的灰尘，绝对禁止吸烟。另外，使用加湿器提高室内的湿度也是不错的方法。

不必去多家医院 治疗中耳炎的基本方法就是使用抗生素。如果经过1～2周的治疗还没有痊愈，也不必更换医院。如果因为更换医院间断了抗生素治疗，不仅不能完全杀死细菌，而且细菌还会产生耐药性，下次再生病就只能增加抗生素的剂量了。所以，最好能坚持在一家医院治疗，不要重复使用抗生素。

不要躺着喝奶 如果让孩子躺着喝奶，奶水可能会通过鼻子进入中耳，导致孩子患中耳炎。而且这种中耳炎不易治愈。即使是喂母乳的时候，也最好让孩子的头偏向一侧。

当慢性中耳炎导致耳朵听不见的时候

这时候，必须要进行在鼓膜上插入管子的通风管插入手术。通风管插入术是在鼓膜上穿一个洞，然后插入一根细管，通过这根管子，导出耳朵里的渗出液，使空气流通，平衡鼓膜内外的压力。植入管子，可以防止中耳炎复发，减少中耳内积液，还能让因为慢性中耳炎而听力受损的耳朵重新听到声音。

12

应对过敏性皮炎的方法

过敏性皮炎常常是一次发病后伴随终身。环境的恶化与食物的污染，都有可能使孩子敏感的肌肤出现过敏性皮炎。下面就让我们来了解一下过敏性皮炎的预防以及护理方法。

什么是婴儿湿疹

婴儿湿疹，是一种常见的、由内外因素引起的一种过敏性皮肤炎症，一般出现在出生后2个月的时候，个别情况下也会在12个月或2岁的时候出现。开始的时候，脸颊皮肤变粗糙，并出现红色的湿疹，然后就会逐渐蔓延到整个脸、脖子、手腕、手、肚子、四肢。13～24个月的孩子最容易出现湿疹的部位是胳膊肘内侧和膝盖后面的褶皱里。据统计，患过湿疹的孩子大约可以占到总数的2%～8%。患者中，有50%会在12个月内症状消失，但有25%会持续到青少年时期，剩下的25%则会一直持续到成年期。这些孩子还可能同时出现哮喘等其他过敏性疾病。

过敏性皮炎的发病原因

皮肤对某种物品出现过敏反应，就会发生过敏性皮炎。所以，必须要通过过敏原检查，找出过敏性皮炎的发病原

Tips 过敏与肺炎、哮喘的关系

如果过敏痊愈以后，肺炎或哮喘加重了，这很有可能是治疗过敏产生的后遗症。从表面上看，过敏似乎已经完全治好了，实际上，并没有完全治好，而是转化成了另一种过敏性疾病，也就是肺炎和哮喘。有研究报告显示，在婴幼儿期出现过敏的患者，有80%会在幼儿后期患上过敏性肺炎或哮喘。很多临床结果显示，过敏的确是哮喘和肺炎等其他过敏性疾病的发病原因，所以，即使孩子过敏症状完全消失了，也依然要提高警惕。

因。过敏原检查一般要到2岁以后才能做。当孩子出现过敏性皮炎的症状时，必须要特别注意孩子的食物。一般来说，过敏性皮炎的孩子中，有20%～30%是在食用了牛奶、面粉、酱油、海鲜、花生、鸡蛋等食物后出现过敏反应的。

过敏性皮炎的症状

孩子会感觉到皮肤瘙痒，甚至夜里无法入睡，下意识地用脸和身体去蹭被子或衣服。严重的话，孩子还会把皮肤挠破，伤口红肿、化脓，引发二次感染。患了过敏性皮炎的孩子，很容易出现皮肤细胞层破裂，导致水分蒸发，造成皮肤干燥。皮肤干燥会让瘙痒加剧，孩子就更用力去挠，如此形成恶性循环。切断这个恶性循环，就成了过敏性皮炎的一个护理关键。

过敏性皮炎的治疗

过敏性皮炎是一种治疗起来很麻烦的疾病，最好的治疗方法就是远离引起过敏的过敏原。但是，患过敏性皮炎的孩子，常常是接触了三四种食物后出现过敏反应，很难判断具体是哪一种食物引起的。所以，对这种情况来说，“治本”几乎是不可能的。在这种情况下，与治疗相比，护理就显得更加重要了。尽可能通过有效的护理，让孩子的过敏症状不再恶化，并且得到改善。

过敏性皮炎的护理方法：注意生活习惯

剪短指甲　这种方法是为了不让孩子把皮肤挠破。也可以给孩子穿衣袖较长的衣服。

不要穿着毛绒、合成纤维以及色彩鲜艳的衣服　因为这样的衣服都会对皮肤造成刺激。应尽量给孩子穿着棉质衣服。

Tips 战胜过敏的小秘诀

下面是来自妈妈们的一些治疗过敏的小窍门，不一定对每个人都适用，但可以给大家做个参考。

芦荟 据说芦荟有助于改善体质。从养殖的芦荟上剪下一小块，研碎后抹在过敏处，也可榨汁后饮用。

绿茶沐浴 这种方法适用于发生过敏的初期。可以根据个人的爱好，随意选择一种。

硫黄浴或温泉浴 这种方法是通过泡温泉让身体出汗。也可以在沐浴的时候加入硫黄粉，不过效果不及温泉。

使用软水器 如果孩子是对水中含有的化学物质过敏，可以使用软水器，它可以改变了水的成分，从而避免过敏。

风浴 这种自然疗法，是脱掉孩子全身的衣物，把皮肤裸露在新鲜的空气中，让身体吸收大量氧气。

不要让孩子吃易过敏的食物 可以先咨询医生，如果需要的话，进行过敏原检查，了解孩子到底对什么食物过敏。

不要用地毯 有些孩子对尘螨过敏。针对这种情况，要经常用湿抹布清洁家里的各个地方，尽量不铺地毯。

远离化学物质 使用化学调味品烹制的快餐食品、会散发甲醛的新装修过的房间和新家具，都可能成为引起过敏的元凶。

冬天和季节更替的时候使用加湿器 过敏性皮炎会因为空气干燥而恶化。最好能使用加湿器，将室内湿度保持在60%以上。

过敏性皮炎的护理方法：洗澡

得了过敏性皮炎以后，皮肤很容易变得干燥。皮肤干燥，就意味着皮肤里的水分不足，表皮就会感到瘙痒，用手去抓挠，导致皮肤破损，致使皮肤更加瘙痒，如此形成恶性循环。因此，经常洗澡，给皮肤补水，对过敏性皮炎的治疗有很大帮助。不过，如果孩子的皮肤即使补水，也很难吸收，那就只能给孩子涂抹一些保湿产品，以达到给皮肤补水的目的。

过敏性皮炎的护理方法：涂抹润肤霜

当皮肤出现二次感染的时候，可以使用抗生素。瘙痒严重的时候，可以使用抗组胺剂。湿疹严重的话，使用局部类固醇制剂会有一定的效果，但症状好转以后，必须要立刻停止使用此类药物。因为如果长期使用类固醇制剂，会出现皮肤变薄，血管扩张等副作用。不过，到目前为止，类固醇制剂仍然是用于过敏性皮炎效果最好的药物。儿科医生通常都会建议，如果过敏性皮炎不是特别严重，可以每天涂抹几次保湿产品，并使用少量的类固醇制剂。

关于过敏，中医是怎么说的

中医认为，过敏是身体里积聚的热产生了毒性，无法消除，通过皮肤表现出来。过敏的确是很多疾病的元凶，一定要把握好过敏的治疗时机。

要想战胜过敏，并且防止它复发，单纯消除表面症状是不够的，必须要找到过敏原，依靠人体自身的能力去对抗，达到“治本”的目的。中医治疗湿疹，是把体内积聚的热毒引发出来予以排除，同时改善体质，令机能恢复正常。常采用健脾、化湿、活血、清泻等方法，视患儿体质而定。

要特别注意的是，那些消化功能比较弱的孩子，会因为无法消化、吸收蛋白质而引起过敏。在这种情况下，处方就要侧重增强消化器官的功能，同时调理五脏六腑。除了上述方法，还可以通过芳香疗法、中药保湿制剂、药浴等方法，标本兼治，达到治愈过敏的目的。

13 周岁后，孩子的牙齿保健

周岁过后，自家的宝宝只长了8颗牙，而邻居家的孩子已经长了20颗。这难免会让爸爸妈妈感到担心。孩子出牙晚会有什么问题吗？还有更重要的一个问题是，到底应该怎样照顾孩子的乳牙呢？

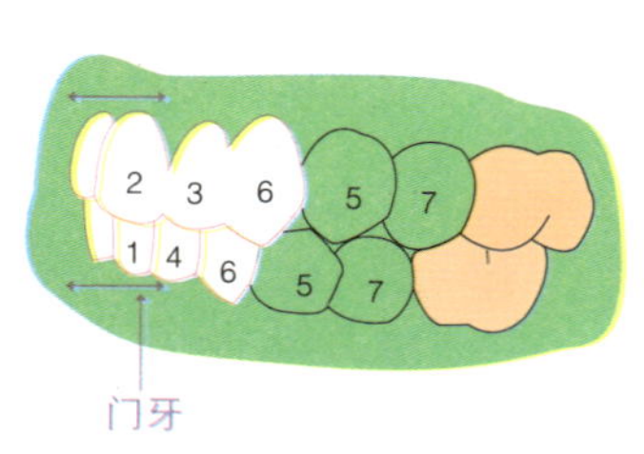

Tips 乳牙出牙的顺序和时间

1——6～8个月
2——8～12个月
3——8～12个月
4——8～12个月
5——12～16个月
6——16～24个月
7——24～36个月
乳牙颗数=月龄－6

周岁后，乳牙的发育顺序

一般来说，周岁后的孩子已经出了4颗下牙、4颗上牙。到18个月的时候，与上门牙隔一个位置，会长出2颗磨牙。发育快的孩子，到20个月的时候，已经开始长犬齿了。通常到2岁半，就是30个月的时候，最迟到34个月，20颗乳牙就应该出齐了。长了磨牙和犬齿以后，孩子就可以自由自在地咀嚼各种食物了。孩子的乳牙一定要好好保护。

怎样照顾正在出牙的孩子

长新牙的时候，孩子常会表现得很烦躁或经常发脾气，还会出现脸颊发热，经常流口水的现象。因为疼痛，孩子开始咬各种各样的东西。通常来说，在12～15个月长第一颗磨牙及20～24个月长第二颗磨牙时最疼。不过，孩子感冒的时候也会烦躁、发热，所以最好去医院确定一下孩子发热的原因。如果因为出牙发热，不必太在意，一般会自己恢复。不过，对于出牙期的孩子，还是有办法帮助他（她）缓解这种折磨的。

让孩子咬冷藏过的牙胶 咬一些凉的东西，会让疼痛暂时消失。可以把牙胶先冷藏一会儿，再给孩子咬，也可以让孩子含冰块。

用手指按摩孩子的牙床 洗干净手以后，略微用力按摩孩子的牙床。虽然这样做并不会解决根本问题，但可以给孩子很大的安慰。

不要让孩子吹冷风 吹风会让痛感更强烈。如果孩子在冬天的时候出牙，应该减少带孩子外出的次数。

13～24个月孩子的乳牙护理原则

那么，应该怎样护理孩子的乳牙呢？只是认真漱口，并不能防止出现龋齿。如果采取不良的饮食习惯和生活习惯，即使天天漱口，牙齿也还是会受到腐蚀的。下面就是专家建议的护理乳牙的几条原则。

戒掉奶瓶 有一种病叫做乳牙龋蚀，多数是由于嘴里残留的糖分附着在牙齿上导致的。而这种情况，有90%以上都是由于使用奶瓶不当造成的。特别是那些习惯夜里喝奶的孩子，因为无法对嘴里的糖分进行清洁，任由它留在嘴里就睡着了，这当然会很容易导致乳牙龋蚀了。实际上，对于这个时期的孩子来说，使用奶瓶已经完全没有必要了：孩子夜里已经可以不喝奶，白天可以用杯子替代奶瓶。应该尽快帮孩子告别奶瓶。

少吃甜食 虽然每个人都知道应该少吃甜食，但多数人很难真正遵守。会危害到牙齿的甜食不仅仅是糖，还有与

Tips 宝宝出牙的情况正常吗

用月龄减去6，就是这个时期孩子正常出牙的颗数。如果是12个月的孩子，就是“12-6=6”，也就是说，正常的话，12个月的孩子应该已经出了6颗牙。不过，这并不是绝对的，甚至有些牙科医生认为，出牙晚的话，老年以后，可以仍然拥有一口坚固的牙齿。

糖类似的果冻、巧克力及果汁。这些食物都含有大量的糖分。从现在开始，改用红薯或土豆为孩子做点心吧，果汁还是少喝为妙。

和妈妈一起漱口 孩子周岁以后，妈妈在刷牙的时候，可以给孩子一把牙刷，让他（她）独自练习刷牙。即使刷得不好也不必责备，反而要对他（她）多加鼓励。这可以消除孩子对刷牙的抗拒心理，并将刷牙看做是有趣的活动。

妈妈给孩子刷牙 这个时期的孩子，手部还不能活动自如。因此，还无法独立把牙齿刷干净。在2岁之前，还是应该由妈妈来帮孩子刷牙，特别是睡觉之前，最好由妈妈直接给孩子刷。睡觉的时候，唾液分泌比白天少，对牙齿的清洁作用也就会降低，可能导致龋齿的产生。这个时期，牙膏可能会引起孩子的抗拒反应，万一吃下去，还会对身体有损害，所以给孩子刷牙的时候，只用清水就可以了。

发现龋齿后必须及时治疗

“反正还要换牙，乳牙出现龋齿，不治也没关系。”相信有这样想法的父母不在少数。其实，这是一种非常危险的想法。如果对龋齿置之不理，炎症就会影响到牙根，对日后的恒牙也会产生不良的影响。因此，发现孩子有龋齿以后，最好尽快治疗。很多给孩子服用的抗生素或其他药物中都含有糖分，在给孩子吃药以后，最好能让孩子漱口或刷牙。另外，这个时期，孩子吃的食物也是诱发龋齿的一个主要原因，一定要把孩子的日常牙齿护理重视起来。

爸爸的热情造就的音乐天才——莫扎特

4岁可以熟练地弹奏钢琴，5岁开始作曲，8岁创作交响乐……无论什么曲子，都能过耳不忘，“天才”和“神童”的称号，在他身上都已经黯然失色，交响乐、歌剧、器乐曲等各个领域都有他的作品流传世界。这一切荣誉都指向一个名字：沃尔夫冈·阿玛德乌斯·莫扎特。在这些成就的背后，莫扎特的父亲发挥了不可忽视的作用。他很早就发现了莫扎特的音乐天赋，并精心培养，才有了日后的大音乐家。

莫扎特的父亲是宫廷乐队的一名小提琴手。莫扎特还在妈妈肚子里的时候，就已经开始受到了来自父亲的音乐熏陶。莫扎特出生以后，父亲经常给他演奏小提琴、钢琴、风琴等。

莫扎特有一个比他大5岁的姐姐。莫扎特3岁的时候，第一次看姐姐学习钢琴，莫扎特就开始模仿，还改变了乐曲原来的旋律，甚至创作出新的旋律。父亲把这一切都看在眼里，觉得“这个孩子天生就是个音乐家”。

于是，父亲开始教莫扎特小提琴、中提琴、风琴。父亲认为，把儿子的音乐才能发扬光大是自己的责任。教莫扎特弹钢琴也好，带7岁的莫扎特去法国、德国参加演奏旅行也好，都是为了让莫扎特发挥自己的才华。每到一个旅行的目的地，莫扎特都会接触到新的音乐，并且得到很多作曲的机会。在天才的音乐家莫扎特身后，有一个了解他才华，并积极推动他的父亲。

请认真观察你的孩子，他（她）的身上也一定有着无限的潜能正在等待你去发掘。

译注：沃尔夫冈·阿玛德乌斯·莫扎特（1756—1791），奥地利作曲家，欧洲维也纳古典乐派的代表人物。他不仅是古典音乐的杰出大师，更是人类历史上极为罕见的音乐天才，有“音乐神童”的美誉。莫扎特4岁会弹钢琴，6岁开始作曲，一生共创作了22部歌剧、41部交响乐、42部协奏曲及多部奏鸣曲、室内乐、宗教音乐和歌曲等。他用短暂的一生为世人留下了极其宝贵的音乐遗产。

Part

02

健康成长的基础工程

培养良好的生活习惯

14 尽量不要让孩子单独睡

银宝宝，金宝宝，天下第一我的宝宝
给银也不换，给金也不换
妈妈的宝贝，奶奶的心尖儿
又可爱，又聪明
越来越壮，我的宝贝
像天一样高，像地一样宽
像高山一样雄伟，像岩石一样坚硬

当年偎在奶奶背上，眯缝着双眼听到的催眠曲，如今听来，依然让人感到温暖和安详。享受着这样金银不换的爱意，睡梦中的孩子该多么幸福啊！在西方国家，让孩子单独睡觉是司空见惯的事情。晚上9点一到，妈妈就把孩子放到床上，不管他（她）是醒着还是睡着，帮孩子盖上被子就走出去。因为在西方人看来，育儿的最大目的就是培养孩子的独立性。精神科的医生把这样被留下的孩子叫做“失去妈妈的孩子”或“瞬间孤儿”。意思就是，一直陪伴在身边的妈妈突然不见了，留自己一个人在黑漆漆的房间里，好像无依无靠的孤儿一样。在韩国，现在也有越来越多的父母想让孩子从很小就自己睡。但是，请尽量不要这样做。对于13～24个月的孩子来说，世上最可怕的事情就是与妈妈的分离，哪怕只是很短的时间。

15

这样开始大小便训练

控制大小便，是13～24个月孩子要学习的“重要课题”。虽然这是孩子必须要做的一件事情，但也不必过分强迫孩子，以免对孩子造成伤害。下面就来介绍孩子告别尿布之前父母要做的事，以及怎样让孩子充满自信地与尿布说“再见”。

控制大便的重要意义

能够控制大便，意味着孩子进入了一个新的发育阶段。在这之前，孩子排便与意志没有关系，有了大便，肛门就会自然而然地运动。能控制排便以后，孩子能够调节肛门，使大便既可以排出，也可以忍住。

可以成功控制大便以后，孩子会产生一种强烈的自豪感。因为他（她）认为自己已经从父母那里承担过来了一个责任，以后还会逐渐承担更多的责任，比如洗手、穿衣服、整理房间等。因此，学会控制大便对孩子的性格和习惯的影响，与父母之间建立信任关系，都具有非常重要的作用。

什么时候开始，开始的信号是什么

关于何时开始排便训练，很多学者都持有不同的观点。多数学者认为应该从可以忍住小便，可以听懂话的20个月开始。不过，很多儿科医生认为，可以提前到15个月的时

Tips 训练大小便的时候，不要这样说

“到上厕所的时间了” 大小便必须要遵循自然的身体节奏。因为想尽快帮孩子摘掉尿布而给孩子规定上厕所的时间，只是妈妈的一种贪心而已。

“快点” 最好不要在孩子大小便的时候，一直催促他（她），甚至把自己的孩子与其他孩子做比较。

“哎，脏死了” 这个时期，孩子在控制大小便方面，肯定会出现很多失误。如果在孩子出现失误的时候，妈妈一直抱怨太脏了，会让孩子感到很羞耻，不肯继续接受排便训练了。

“再做不好就打你” 绝对不要打骂孩子，因为越是这样，孩子就会越畏缩，对他（她）进行排便训练就会更困难。

候。从孩子更小的时候妈妈就开始让孩子坐在便盆上自己大小便的情况也是有的，虽然很少见。

韩国议政府天主教大学医学院附属圣母医院的金英勋教授认为，只要孩子到了能从生理上调节膀胱和大肠的年纪，就可以对他（她）进行大小便的训练了。在这件事上，不应提前确定好时间，应该根据孩子发出的信号来决定时间。例如，给孩子穿衣服的时候，他（她）知道抬起胳膊配合妈妈，或可以自己脱掉简单的衣服；善于模仿；喜欢把玩具或自己心爱的东西放进袋子或盒子里；可以理解简单的指令，并可以照着做；完成一件事后有成就感；大便时间比较规律，可以两个小时以上不小便……这些都是可以开始对孩子进行排便训练的信号。

一般来说，孩子长到15个月的时候，应该就能够在大小便以后，把这件事告诉妈妈了。到18个月的时候，会在排便之前表达出自己的需求，但表达的同时，可能就已经排泄出来了，妈妈很难来得及让他（她）坐到便盆上。到21个月的时候，孩子已经可以提前知道要大便了。到24个月的时候，可以提前知道要小便了。如果能及时发现孩子发出的各种信号，就能让排便训练更加顺利。

控制大小便五个阶段的准备工作

第一阶段：准备好儿童坐便器　当孩子18个月的时候，可以给他（她）准备一个儿童坐便器，并把这个坐便器放在家里明显的地方。还要带孩子到厕所看看大人用的坐便器，让他（她）知道，两件东西的用途是一样的。

第二阶段：在固定的时间让孩子上厕所　在一天中选一个固定的时间，让孩子在坐便器上坐3～4分钟，父母最好能陪在旁边，或给孩子讲故事，甚至喂他（她）吃点心也没关系。这项活动要持续进行一周左右。

第三阶段：上厕所的时候摘掉尿布　用两周的时间，让孩子摘掉尿布坐在坐便器上。不过在这时候，不要着急催促孩子大便或是小便。否则，可能会起到反作用。要让孩子逐渐将大小便看做是一件普通的日常工作。

第四阶段：让孩子看到尿布上的大便　如果孩子不拒绝坐儿童坐便器，而且表现出一定的兴趣，那么，当他（她）把大便拉在尿布上的时候，就可以带他（她）到坐便器那里，在他（她）面前清理掉大便。

第五阶段：引导孩子独立上厕所　终于到了可以让孩子独立排便的阶段了。现在，可以把儿童坐便器转移到孩子的房间或他（她）经常玩耍的地方。当孩子做出想要排便的表示时，迅速让他（她）坐到坐便器上，一个人排便。

完成了这样一个排便训练以后，下面就是要教孩子自己小便了。如果是男孩，可以由爸爸带着他上几次厕所。很快孩子就会学会自己小便了。

至于夜里的大小便控制，最好等到孩子可以调节肠道和膀胱功能的时候再进行训练。如果孩子表现出了在夜里控制大小便的兴趣，父母就可以在晚上叫醒孩子，给他（她）独自处理的机会。

强迫反而产生反作用

韩国延世神经科附属小儿青少年神经科医院的孙硕汉医生说，如果无视孩子的发育程度，强行训练孩子大小便的话，会让孩子感受到很大的压力。

这样一来，孩子可能会不愿意坐便，甚至不愿意接近坐便器。其实，孩子控制大小便是一件迟早的事情，如果父母操之过急，让孩子出现恐惧感，反而会延长训练时间。如果妈妈的责备让孩子产生恐惧，甚至反抗心理，最后孩子可能会出现一些带有暴力倾向的行为。

排便训练成功的孩子突然又退步了

已经学会使用坐便器的孩子，突然有一天，又把大便拉在了裤子上。遇到这种情况，爸爸妈妈可能会觉得很困惑，这是怎么回事呢？这是由于某种心理原因，孩子对自己的大便突然产生了强烈的占有欲。

孩子24个月的时候，不管什么事情，都想要按照自己的方法独立完成。这个时期，孩子要学习控制小便。通常，在小便之前，孩子都会听到妈妈的指令，这就让孩子产生了抗拒心理，甚至孩子在马桶上坐了很久，却努力不排泄出来。这时候，妈妈不必太担心，应尽量给孩子一个轻松的环境。孩子的心理状态稳定以后，他（她）就会自己努力学习控制大小便了。

推迟排便训练的事例

在贤智24个月的时候，妈妈开始尝试对他进行排便训练。结果，贤智在马桶上坐了一个小时，却没有小便成功。骂过孩子几次，依然没有什么效果。后来，贤智妈妈选择了“等待”。她的想法是，“看来我的孩子还没有做好准备”。等待的结果是到贤智30个月的时候，有一天，贤智自己脱掉裤子，坐到马桶上小便了。不给孩子压力，培养孩子的自信……对于自己的选择，贤智妈妈觉得很满意。

16

必须纠正的习惯

吃手指、扯头发，甚至用自己的头去撞墙……这些看似小毛病，一旦形成习惯，就会让妈妈非常担心。那么，是置之不理，还是尽快纠正呢？

纠正习惯的最佳时间

周岁以后，孩子逐渐有了自己的主张。父母应该在这时候帮助孩子纠正一些不良的习惯。纠正习惯的最佳时间是什么时候呢？儿科及小儿精神科的医生认为，不良习惯的纠正，通常取决于父母的需求和育儿观以及孩子的自身特点。如果想让孩子纠正某种习惯，父母就必须明确知道，为什么要让孩子改掉这个习惯，这个习惯存在什么问题，等等。这个时期的孩子，总希望按照自己的意志做事，但他（她）还不知道自己的行为会带来什么后果。所以，如果没有必要的“训练”，孩子就很容易遇到危险。当孩子的某些习惯已经到了会威胁他（她）自身安全的程度，就必须要开始纠正了。

不必担心的习惯

经常要求做相同的事情　孩子把玩具扔到地上，然后要求妈妈捡起来。捡起来后再扔，如此反复几次，妈妈就会感到不耐烦了。其实，孩子的这种行为并不是在戏弄妈妈，而是孩子大脑发育的一个信号：孩子正在通过东西掉在地上，学习因果规律。这也是孩子从科学角度去认识事物的一种尝试。

玩具掉了以后会滚到哪里、会发出什么声音、形态会发生什么改变等，这些都在吸引着孩子强烈的好奇心。所以他（她）不断地让玩具掉落，再让妈妈捡起来。就如同有些孩子总喜欢看一本书一样，其实这是很好理解的。作为父母，这时候千万不要不耐烦，最好能够满足孩子的要求。但是，如果孩子要求看一些内容不好的动画片，或确实做出一些不好的行为时，妈妈还是应该拒绝的。

Tips 一刻也离不开妈妈

孩子13～24个月期间，在情感上会特别依赖妈妈，这并不算是一个需立刻纠正的坏习惯。但是，如果孩子的这种过分依赖对妈妈造成困扰的话，就要教会孩子自己玩了。首先，找一个有趣的游戏，先和孩子一起玩三四次，然后在孩子专注于玩具的时候，离开5秒钟。这样，逐渐增加离开的时间，两三个月后，即使孩子一个人，也能玩得很好了。在妈妈离开的时候，如果孩子找妈妈，就要立刻出现，回到孩子的身边。让孩子知道，“无论妈妈在哪里，只要我叫，她就会来”。建立了这种信任以后，孩子自然也就可以接受妈妈离开了。

吃东西的时候洒出来 18个月以后，可以让孩子学习用勺子或杯子，并且练习一个人吃饭了。孩子肯定还不能做得像大人一样好，可能经常把水弄洒，或把盘子打翻。这时候，无论父母说多少次“别洒水”“别把盘子碰翻”，都是没有用的。相反，孩子在用餐的时候总是听到这样的呵斥，会导致食欲不振，甚至出现神经质的情况。这时候，可以把整个餐桌想象成是一个大盘子。事实上，无论怎样，能让孩子努力吃饭才是最重要的。

吃手 这个时期的很多孩子会出现吃手的情况。大多时候，孩子是想通过吃手来回忆吸吮妈妈乳头所获得的满足感。同时孩子吃手也可以消除不安的情绪。小儿精神科的医生认为，孩子吃手只要没有达到咬坏指甲的程度，妈妈可以不必过分制止，只要看护好孩子就可以了。随着孩子长大，他（她）的兴趣会被很多其他活动吸引，自然而然就改掉吃手的毛病了。即使想要纠正孩子吃手，理解与关心的效果一定会好于过分担心和指责。

必须纠正的习惯

扔东西 如果孩子扔东西，无论是出于什么原因，妈妈都应该马上制止。当然不必因此打骂孩子，但应该做出严肃的表情，同时用坚定的口吻说“不行”“不能那样做”。如果孩子还继续扔，就要果断地从他（她）手里把东西拿走。如果孩子哭闹着想要把东西拿回来，可以装作没听见，不去理会，然后再用严肃的口气说，“不许闹！”“安静一点！”。如果妈妈能一直用这种态度来处理，孩子的这种行为就会越来越少。记住，千万不能有时让孩子扔，有时不让孩子扔。

咬人或打人 对于孩子咬人或打人等暴力行为，妈妈必须坚决制止，更重要的是，要找出孩子出现这种行为的心理原因。如果孩子只对妈妈这样，可能是因为孩子缺乏母爱。如果孩子对其他人也这样，就可能是因为孩子身边有人总使用暴力，或孩子天生的性格所致。

如果孩子只对妈妈有这样的行为，首先妈妈要增加与孩子相处的时间。如果孩子依然如故，妈妈就必须严肃地告诉孩子“不可以这样做！”当孩子不肯听话，继续咬人或打人的时候，可以按住孩子，给他（她）一些身体上的制约，让孩子认识到，妈妈的力量比他（她）大。这时候，妈妈要尽量避免情绪激动或发脾气，必须要保持一贯的态度。当孩子有暴力行为时，妈妈时而置之不理，时而又大发雷霆，会导致妈妈与孩子的关系越来越恶劣，而且这样也无法制止孩子的暴力行为。

用头撞墙或者扯头发　用头撞墙，或用手撕扯自己的头发。其实，这些行为都是孩子在发出信号，意思是“我正承受压力”。孩子之所以有这样的行为，是为了吸引妈妈的注意。所以，妈妈最好理解孩子的这种心理。

如果妈妈因此作出特别敏感的反应或发脾气，孩子的这种行为反而会愈演愈烈。每当孩子撕扯自己的头发时，妈妈最好能更多地注视他（她），并作出适当的反应，或者装作没看到，采取不理会的态度。相反，当孩子表现好的时候，妈妈一定不要吝惜称赞。孩子需要的只是妈妈更多的关注与爱，所以在正确的引导下，孩子的这类暴力行为一定会逐渐减少。

养成习惯之前，爸爸妈妈要做的事

调整周围的环境　不要在孩子做任何事情的时候，妈妈都说“不行”。可以尽量去改变一下家里的环境，把烫的东西，易碎的东西以及有危险的东西都放到孩子看不到的地方。给孩子准备一两处空间，可以让他（她）在里面为所欲为。

转移孩子的注意力　这个时期的孩子，很少会总在一个地方待着。当孩子做一些有危险性的行为时，妈妈可以马上说“快看，直升机！”，以此来转移孩子的注意力。

称赞与无视并举　对于孩子的行为，有时候要阻止，有时候可以采取无视的态度。例如当孩子调皮的时候，妈妈可以先不管他（她），等孩子自己停下来以后，再称赞他（她），“噢，我的宝贝真乖呀！”

17 真的不能让孩子看电视吗

最近，美国儿科学会提出建议，不要让24个月以下的孩子看电视。他们的理论是，如果想让孩子的头脑发育更加健康，应该增加孩子与人的交流，电视画面会影响到孩子大脑的正常发育。不足24个月，是孩子应该玩游戏，四处跑跑跳跳，从父母及其他亲人那里获得关爱的时候。这个时期，亲人的关爱所产生的刺激，会对孩子的头脑发育起到决定性的作用。但是，就在不久之前，还有很多人认为，12个月以后的孩子，可以通过看电视来提高语言能力，并认为，看电视对认知能力的培养有一定帮助。事实上，一直坚持看英语节目的孩子，到2岁的时候，可以说出几句英语的为数不少。而过度看电视的孩子，在30个月以后，出现自闭症以及类似状况的事例也屡见不鲜。事实证明，过度收看电视，确实是孩子出现自闭症的一个重要原因。

看电视不好的原因，是因为电视节目给孩子传递的是一种单向的刺激。孩子在看电视的时候，不用有任何想法，只需接受即可，完全不需要任何“思考的能力”。而且，如果整天开着电视，妈妈的精神也会集中在电视上，而忽视与孩子的交流。这也会对妈妈和孩子之间的亲密关系造成障碍。对于孩子语言能力的发展，看电视也是有害无益的。语言能

Tips 不要让孩子边看电视边吃饭

孩子喜欢一边吃饭，一边看电视。想让孩子到餐桌上吃饭，他（她）却根本不听。没办法，只好把饭给孩子放在电视机前的茶几上，该怎么办好呢？

一边看电视一边吃饭，可不是孩子的发明，多半是孩子看到有人这样做，才照着学的。如果爸爸妈妈或兄弟姐妹有这样的习惯，最好立刻改掉。可以适当调整孩子的用餐时间，不要让用餐时间与孩子喜欢的电视节目时间“撞车”。如果孩子要求在吃饭的时候看光盘，就算饿他（她）一顿，也要让孩子知道，这是一个不好的习惯。

力，孩子学习的应该是相互对话，实现有效的沟通。如果依靠电视，孩子无法学习到表达的方法，沟通方式更是无从谈起。此外还有一个问题就是，电视画面的变换速度非常快，特别是广告，孩子根本无法跟上，也无法理解。电视节目中还经常会出现一些暴力和血腥的场面，孩子经常把画面与现实混淆起来。这些场面，通常都不会很快在孩子的脑海里消失，会对孩子产生持续的负面影响。

最近有研究显示，部分13～24个月的孩子，在发育和行为上出现的一些问题，与电视存在着一定的关系。孩子会模仿他（她）所看到的一切，这是孩子的一种学习方法。可是，父母并不希望孩子模仿从电视里看到的所有事情。因此，与其让孩子坐在电视机前，还不如与孩子玩游戏，给他（她）讲故事，或陪他（她）一起看连环画。如果一定要让孩子看电视，尽量不要让他（她）独自看，最好是妈妈陪孩子一起看。看到有趣的节目时，可以和孩子一起笑，也就是让孩子能够一边与妈妈进行互动，一边看电视。最好能够规定好看电视的时间，过了规定的时间，可以把遥控器藏起来，或放到孩子拿不到的地方。当然，要想做到这一点，父母看电视的时间也要有所限制，特别是当孩子在身边的时候，父母最好不要看那些不适合孩子看的节目。在孩子13～24个月的时候，语言能力已经有所发展，可以让孩子适当看一些电视，不过必须要纠正一个坏习惯，就是一边看电视一边吃饭。这样不仅会影响孩子的食欲，还可能引起肥胖症。

18

必须养成的三大饮食习惯

洒汤、掉米粒、一边吃一边玩、挑食……这些都是非常不好的饮食习惯。下面我们就来了解一下13～24个月的孩子必须养成的三大饮食习惯。

13～24个月，孩子必须养成的习惯

和家人一起吃 让孩子和家人一起吃饭，是为了让孩子遵守固定的用餐时间。一天到晚吃个不停，或总是抱着零食的孩子，很容易出现小儿肥胖或营养不良。如果孩子能和家人一起在固定的时间吃饭，会让孩子了解到，“饭，就是要在固定的时间和家人一起吃的”。而且，可以让孩子从家人吃饭的场面学习到正确的用餐习惯。

吃饭过程中不离开餐桌 这个时期的孩子，独立性越来越强。有时吃饭的时候，孩子也喜欢到处跑，很多父母为防止孩子到处跑就在吃饭的时候把孩子抱在怀里。实际上，应该给孩子一个单独的椅子，然后给他（她）专用的餐具，让孩子感觉自己是家庭里的一员。

尝试各种各样的食物 之所以要纠正孩子偏食的习惯，是因为在生长发育期，偏食会导致无法均衡地摄取营养。让孩子能够接受多种食物是非常重要的。如果孩子拒绝某种食物，可以通过改变烹调方法，来让孩子尝试。

应遵守的其他原则

1 即使孩子不肯吃，也不要用找借口或欺骗的方法来让孩子吃。

2 当孩子在餐桌上捣蛋的时候，要做出不关心的样子。

3 孩子经常因为疲倦，或想玩玩具而没有食欲，在这种情况下，可以先不让他（她）吃。

4 不要让孩子决定吃什么。对于孩子很喜欢的食物，可以作为点心，每天给他（她）吃一次。

19 养成良好的睡眠习惯

周岁以后，有些孩子依然会在夜里醒来，依然会迷恋奶瓶。到底什么时候孩子才能一觉睡到大天亮？父母又该如何培养孩子良好的睡眠习惯呢？

如果孩子夜里经常醒，须检查下列项目

□是否因为吃奶过多或过少？

□是不是尿布湿了？

□是不是出现了急性中耳炎、腹痛等突发疾病？

□是不是因为出牙导致身体不舒服？

□是不是因为排便训练感受到压力？

□是不是因为和妈妈分开产生了不安的情绪？

□是不是室内温度太高了？

□是不是周围环境太吵了？

□是不是白天睡得太多了？

如果孩子出现上面某种情况，这就是他（她）睡不好觉的原因。如果奶量合适，尿布干净，没有腹痛或其他疾病，室内环境舒适，白天并没有睡得太多，排便训练也已经完成，可孩子夜里仍然总是醒，就很有可能是因为孩子属于

Tips 哄孩子睡觉的小法宝

睡眠灯 睡眠灯会散发出柔和的间接光线。关掉房间里的大灯以后，睡眠灯可以让房间里不太黑，能够更快地让孩子的情绪平静下来。

节奏平缓的催眠音乐 可以低声播放一些音乐，不一定是催眠曲，只要是节奏舒缓的音乐就可以。很多有经验的妈妈都推荐莫扎特的音乐。

孩子喜欢的娃娃 准备一些能让孩子产生安全感的物品，比如孩子喜欢的娃娃。对有些孩子来说，这些物品是可以代替妈妈的。

敏感体质，睡觉非常轻，或父母让孩子养成了错误的睡眠习惯。通常来说，不良睡眠习惯要占据更大的比重。

为什么孩子不想睡觉

18个月以后，孩子白天的睡眠可能从两次减少为一次。统计显示，12个月的孩子，有80%白天睡两次觉；21个月的孩子，有90%白天睡一觉。虽然白天的睡眠时间减少了，可这个时期的很多孩子晚上睡得还不如以前好。

18个月以后的孩子处于非常活跃的状态，好奇心极强，每天都忙着在家里各处看个不停。尽管妈妈一直说“不行、不行”，孩子还是会固执地按照自己的想法去做，就好像在与妈妈玩游戏。或许担心睡着以后妈妈会消失，这个有趣的世界也会消失，在内心深处，孩子会产生一种不想睡觉的意愿。有时候，白天玩得太兴奋，晚上就会做梦，而且这种兴奋会一直持续到夜里，导致孩子无法获得深度睡眠。

让孩子睡好的基本原则

养成有规律的睡眠习惯 孩子的睡眠有问题，大多是因为没有在固定的时间让孩子睡觉。在固定时间让孩子睡觉是非常重要的，必须要让孩子的睡觉时间规律起来。特别是当孩子上午没有睡觉的时候，有必要将孩子晚上的就寝时间提前。

睡觉前的一个小时要保持安静 在睡觉前的这一个小时，不要让孩子看电视或看光盘。也不要让孩子玩一些会引起兴奋的游戏和玩具。睡前不要让孩子吃太多东西，也不要让孩子吃刺激肠胃的食物。

为就寝准备一个“仪式”，但不要太长 这个时期的孩子，会自己为睡觉确定好一个“仪式”。每天与家人道晚安，收起玩具、刷牙，然后听妈妈讲故事。如果睡觉前

Tips 改掉夜里吃奶的习惯

如果孩子无法自己断掉夜里吃奶的习惯，妈妈就必须下定决心帮孩子改掉这一习惯。可以阶段性地每天减少孩子夜里喝奶的时间和量，一周以后，孩子基本就可以不再喝夜奶了。开始的时候，孩子可能会哭闹，不过，只要坚持一周，孩子就会接受并习惯了。

不喝夜奶的孩子，有时也会睡着睡着突然醒过来。这时候，妈妈可以不必急着作出反应，因为很多时候，孩子会顺势继续睡去。如果孩子每次一翻身，大人就过去或拍或抱，孩子就很难学会自己再次入睡的方法。

断夜奶的时候，首先要做的事情，是保证孩子白天能够按照一定的时间间隔吃饭，并且形成一定的规律。这样一来，孩子晚上就没有必要再吃夜奶了。虽然对于妈妈来说，一边喂孩子吃奶一边哄他（她）睡觉会比较方便，但这毕竟是一种很不好的习惯，还是应该尽快把这种习惯纠正过来。

没有遵守这个顺序做事，孩子就会很不满意。如果省略了中间的某一个过程，孩子会要求再从头来一次。因此，父母一定要加以调整，不要让孩子就寝前的这个“仪式”持续太长的时间。

如果孩子想推迟睡觉时间，妈妈一定不能让步 有时候，妈妈说要睡觉了，孩子却想出各种借口，不想睡觉。比如口渴要喝水，想上厕所，或觉得睡衣不舒服，等等。这时候，如果孩子提出，“我还不困，晚点再睡”的要求，妈妈一定不能让步。而且，在下次睡觉之前，先让孩子去喝水，上厕所，防止他（她）再把这些作为借口。

陪伴孩子一直到他（她）入睡 虽然不必一直拍或抱，但是要让孩子知道，妈妈一直在身边。这会让孩子感到很安全。这时候，妈妈可以做一些安静的活动，比如叠衣服，整理抽屉什么的，但一定要和孩子待在一个房间里。一定要注意，在这时候不要问孩子“睡着了吗？”虽然这只是表示关心，但会让孩子产生先不睡觉，起来和妈妈玩的念头。如果孩子不允许妈妈做别的事，可以像我们的妈妈曾经哄我们睡觉那样，坐在床边，拍拍孩子，摸摸他（她）。孩子独自睡觉的习惯当然是很好的，不过，那应该是2岁以后再考虑的问题。

夜里常醒的孩子，请先断掉夜奶

有些孩子喜欢吃完奶睡觉，而且夜里醒了还要吃，这是一种非常不好的习惯。因为吃奶后，消化器官会分泌消化液，就会造成孩子的睡眠节奏混乱，从而养成不良的睡眠习惯。13～24个月的孩子，夜里不再吃奶，也能睡足一夜。有些妈妈在孩子夜里醒来的时候，会用奶瓶喂孩子喝水或果汁，这是完全没有必要的。

夜里给孩子吃东西，其实更多的是出于一种心理或习惯因素，而非营养需要，所以最好能尽快帮孩子戒掉这个不良习惯。无论是水还是果汁，如果在夜里喝两次以上，都会增加小便次数，使体温、消化能力以及内分泌调节发生变化。这样一来，还会破坏正常的生理节奏。所以，给孩子夜里吃东西是没有任何好处的。

20 家里有个夜哭郎

孩子夜里惊醒是怎么回事

什么是儿童夜惊 2岁以下的孩子，有时会从睡梦中突然醒来，并伴随哭闹，这就是儿童夜惊。夜惊一般发生在孩子入睡一两个小时之内。孩子在夜里突然醒来，好像受到惊吓似的，大声哭闹，同时出冷汗，呼吸急促。即使父母过来哄也没有效果，过几分钟后孩子会自己停止，而且第二天他（她）会完全忘记夜里的事情。遇到这种情况，父母一定非常担心，其实，这个时期孩子出现夜惊不必过分焦虑。这是孩子睡眠发育过程中经历的一个正常的发育现象，2岁以后自然而然就会消失了。

怎样预防夜惊 孩子之所以会出现夜惊，更多的可能是心理原因造成的。睡觉之前，尽量不要让孩子过多地看刺激性的电视或光盘，以免因此导致孩子的大脑疲劳。对2岁以下的孩子来说，夜惊或噩梦都不属于严重的睡眠障碍。不过，如果反复出现，并且情况比较严重的话，也会妨碍孩子的正常睡眠，不能掉以轻心。例如要让孩子在固定的时间睡觉，白天的时候，不要让孩子的身体和精神过度疲劳，平时让孩子坚持一种有规律的生活习惯，这些都是非常重要的。如果觉得孩子好像是受到惊吓而醒来，最好把孩子抱起来，一直到孩子停止哭闹为止。如果没有特殊情况，大部分孩子会自己再次入睡。

孩子夜里哭闹得厉害是怎么回事

18个月的孩子，夜里11点睡觉，几乎每隔两个小时醒一次，并且哭闹得很厉害，一定要妈妈抱着，才能继续入睡。如果其他人哄，孩子就会一直哭。因为父母是双职工，所以孩子是交给别人照顾的，是因为这个原因导致这种情况吗？

18个月的孩子，总是不好好睡觉。这是因为孩子的活跃度和好奇心比前一段时间加强了，与睡觉相比，孩子觉得醒着的时候更有趣。而且，这个时期的孩子和妈妈分离后依然会产生分离不安的情绪，孩子会有一种强烈的愿望，不愿意与妈妈分离。因为睡着以后，就看不到妈妈了，所以孩子会从心理上抗拒睡觉这件事。孩子的这种情况，并不是因为由别人照顾造成的，而是一种正常的发育现象。

白天不要让孩子玩得太兴奋，睡觉前也不要再给孩子强烈的刺激，夜里不要让孩子吃东西，这些方法都会让这种情况有所好转。

可能是做噩梦　如果孩子已经睡了三四个小时，在睡眠的中后期醒来并且哭闹的话，可能不是夜惊，而是做了噩梦的缘故。做噩梦与夜惊不同，是与情绪问题有一定关系的。孩子做噩梦，有可能是因为白天受了打骂，或要求没得到满足。因此，白天要留心观察孩子是否感到压力，并尽量为孩子营造一个宽松舒适的氛围。

睡眠不好的孩子，中医治疗会有效果吗

13～24个月的孩子，如果出现夜里哭闹的情况，很多妈妈会认为“是不是我的孩子体质太弱？”并考虑采用中医方法调养。虽然儿科医生建议，遇到这种情况，只要“抱一抱，哄一哄，然后等待孩子安静下来就可以了”。但是，很多父母还是希望能采取一种更积极的处理方法，于是就寻求中医的帮助。韩国束草涵小儿中医院的申东吉院长认为，对于孩子夜里经常哭闹，采取适当的治疗，会让情况有所好转。如果孩子经常出现夜惊，就无法保证高质量的睡眠，从而对孩子正常的生长发育产生影响，最好能采取积极的处理态度。如果孩子夜里经常醒，并且出现下面这些情况，可以采用一些中医疗法。

脾胃虚寒　脾胃虚弱，手脚冰凉，额头微热，大便颜色深，没有食欲。

有心火　白天非常兴奋，夜里醒来以后哭闹得厉害，特点是哭声特别尖厉。

嘴里出现炎症　出现口腔溃疡或鹅口疮。

受到惊吓　孩子可能是在白天受到某种惊吓，夜里醒来大声哭闹，并且瞪着双眼。

妈妈独创读书法培养的杰出作家——歌德

在与妈妈相处的一天中，孩子最幸福的时刻是什么时候呢？应该是过完一天后，全身放松地躺在床上，和妈妈一起阅读的时候吧？有些人觉得给孩子讲故事，与孩子一起阅读是最美好的亲子时光。也有人觉得，这样做没有什么意义，只是一种被迫的义务而已。这两种不同的态度，培养出来的孩子也会截然不同。前者培养的孩子喜欢书、爱看书，后者培养的孩子讨厌书、远离书。下面就是这样一个故事。

据说《少年维特之烦恼》的作者约翰·沃尔夫冈·歌德的妈妈，就曾经采用一种特别的方法给歌德阅读童话书。妈妈每天晚上都给歌德读书。当读到高潮部分的时候，妈妈会对睁大眼睛专心倾听的歌德说，“孩子，下面由你来继续讲吧”。歌德就会在这个时候绞尽脑汁，想方设法把妈妈的故事讲完。

有一次，歌德这样对妈妈说，“妈妈，昨天你讲的故事可以有两种结局，一种是海盗救了公主，然后他们幸福地生活在一起，还有一种就是他把公主送回了自己的国家。妈妈，你喜欢哪一种？”妈妈的回答是这样的，“孩子，你可以自己决定。你知道吗，作家，就是像上帝一样创造世界的人。”

歌德曾经说过，就是妈妈这种独创的读书方法，让自己最终成了一名作家。很多研究歌德的专家也认为，歌德的很多才华，确实来自他妈妈这种特别的读书法。

在给孩子读书的时候，应该如同自己又回到了童年时代，要与孩子交流，这也是陪孩子读书的一项重要内容。

译注：约翰·沃尔夫冈·歌德（1749—1832），德国民族文学的杰出代表，18世纪中叶到19世纪初德国著名的剧作家、诗人、思想家。除了诗歌、戏剧、小说之外，歌德在文艺理论、哲学、历史学、造型艺术等方面都取得了卓越的成就。其代表作有剧本《葛兹·冯·伯里欣根》，中篇小说《少年维特之烦恼》等。

Part

03

提高孩子的词汇量

必须重视孩子的 认知能力

21

做一个喜欢与孩子唠叨的妈妈

要想让孩子更聪明，妈妈就要甘心做个“话痨”妈妈。妈妈说得越多，孩子就学得越多。无论是语言，还是生活道理，孩子都可以从这种唠唠叨叨中学习到。或许没有哪个妈妈是不爱唠叨的。在和别人唠叨生活琐事的时候，如果对方漠不关心，或喜欢胡乱指挥，说明对方不是一个很好的倾诉对象。只有能理解你的人，才能让你的心情放松下来。如果倾诉对象不对的话，反而会让心情更加糟糕。换个思路，如果与孩子唠叨呢？那样的话，不会有人说“不行，不能那样，要这样做”……或许，我们也可以向孩子撒撒娇，当然，前提是让孩子感觉舒服。

那么，你知道怎样成为这样一种妈妈吗？

23

22 了解孩子学习语言的过程

13～24个月的孩子，已经不再只是"咿咿呀呀"，而可以清楚地说话了。对于这个时期孩子的语言发育过程，每个妈妈都应该明确了解。

语言，指的不仅仅是用嘴说出来的"话"。人类使用语言的目的，是要与他人进行沟通和交流。人类要通过语言来"准确地"表达自己的意思，患有自闭症的孩子说出来的话或许比正常孩子还多，但是他们却完全无法与人交流。由此可以看出，在人与人的关系中，语言与交流的学习是多么重要。

孩子听懂话的过程

孩子是怎样学习说话的呢？其实很简单，就是在不断重复中，通过与妈妈互动来学习的。例如，想要孩子听懂"包"这个词，妈妈就要让孩子听到100遍"包"。去公园的时候，妈妈要说"拿上包"；去市场的时候，妈妈要说"妈妈的包在哪里？"，或把包举到孩子面前，然后拉长声音说"这是包——"。只有这样，孩子才会把"包"的发音与用来装东西可以提着到处走的袋子联系在一起。在多次练习了"b—ao"以后，孩子就能够准确发出"包"的音了。会说"包"的孩子，也会了解到包的用途。像这样，把一个简单的词扩展，可以让孩子通过学习语言的同时掌握新的概念。大部分情况下，语言发育快的孩子，学习也很不错；语言发育迟缓的孩子，在学习上也会遇到问题，而且社交能力也比较弱。因为与人的交往，必须是通过语言来实现的。

帮助孩子学说话

为什么不同的孩子会有不同的语言发育速度呢？除了一些天生的原因以外，后天的环境影响也是非常重要的。首先，如果孩子身边的人，特别是妈妈，属于不爱说话的人，孩子就会缺少学习语言的环境，语言发育自然就会落后。如果妈妈过分能干，在孩子说话之前就预知了他（她）的要求，并马上满足，孩子就会总也没有说话的机会。所以，妈妈一定要认真思考一下，怎样给孩子创造一个适合学习语言的环境。

等孩子自己说　在日常生活中，要尽量引导孩子自己提出要求。例如吃完饭以后，虽然妈妈知道要给孩子喝水，但不要主动做，等到孩子说出“水”的时候，再拿给他（她）。

重复孩子的话　当孩子说出“水”以后，妈妈可以换种方式，用一些长句来重复孩子的话。比如“是要水，对吗”“来喝水吧”……

不要提过多问题　在想和孩子说话的时候，有些妈妈会简单地问“这是什么？”对于这个问题，孩子根本回答不上来，也就不开口了。

不同月龄孩子的语言发育情况

12个月

□对于各种要求，可以通过语言和行动作出正确的反应。

□可以集中精神听别人说话。

□通过用手指或发出声音拿到想要的东西。

□会使用5个或更多的词汇，并能够正确地使用几个词。

14个月

□能够理解对话者的情绪，看到图片会说出图画的名称。

□通过用手指或发出声音拿到想要的东西。

15个月

□开始会偷懒。

□可以看懂妈妈的手势或其他身体语言。

□明白一个词语也可以成为一个句子。

□会说出喜欢或不喜欢。

□开始以自我为中心思考问题。

16个月

□说出某个东西的名字后，会指着那件东西；听到

Tips **“实况转播”孩子的动态**

这是帮助孩子学说话的好方法。在没有什么话说的时候，妈妈可以通过“实况转播”的方式，解说孩子当时的行动和状态等。比如“宝宝正在玩积木，拿起了一块红色的积木，哦，宝宝把积木放上去了。”做个喜欢与孩子唠叨的好妈妈吧。

Tips 怎样让孩子学说话

几年前，曾经流行过一种“卡片教育法”。这种方法是在一张白色卡片上用红笔写上“苹果”“香蕉”等，然后让不满周岁的孩子坐好，在他（她）面前快速地闪过这些卡片，让孩子如同拍照一样，记住这些词语。当时一些人认为，通过这种方式，可以让孩子学会数字和词语，而且，这种百科全书式的学习，还能提高孩子的智商。但是，很多专家指出，通过这种方式学词语，反而会妨碍到孩子正常的语言发育。语言，应该是人与人之间的一种互动，只有在实际生活中，通过与人交往，才能真正发挥它的功能，而不是记住或背下来就可以的。

“把……拿过来”的要求后，会照做。

□可以准确地指出身体的各个部位（眼睛、鼻子、耳朵、嘴等）。

□可以使用7个或更多的词汇，可以表达出大部分意思。

□经常使用几个主要的词。

18个月

□可以听懂简单的问题，可以执行两个连续的指令。

□对于食物、衣服、动物等新词语，可以记住，并能够与实物联系起来。

□开始通过语言，而不是行动来表达自己的要求。

□词汇量持续增加。

□喜欢说话。

20个月

□对于“坐在这里”“过来”等指令，可以作出准确的反应。

□至少会说10～20个词汇。玩耍的时候，会模仿机器或动物的声音。

22个月

□每天都学习新的词汇，知道日常用品的名称和形态。

□开始会把词连接起来，说出简单的句子（例如：妈妈来）。

24个月

□能够理解话语的意思和意图。

□会说自己的名字，会使用代词造句。

□独立完成的事情越来越多。

23 看着孩子的眼睛说长句子，可以提高孩子的词汇量

孩子的语言发育情况如何，很大程度上取决于父母怎么做。下面我们就来学习怎样在生活中帮助孩子学习语言，以及怎样增加孩子的词汇量。

促进孩子语言发育的对话法

孩子会学习妈妈说话的方式。每天说“走开”“别动”的妈妈，与每天说“今天的天气真好，天空好蓝”的妈妈培养的孩子，在语言发育方面一定会有很大差别。如果想让自己的孩子口齿伶俐，能说会道，妈妈一定要从自身开始改变说话的方式。

多问一个“怎么了” 13~24个月的孩子，在学习更多词汇的同时，也要学习造句了。当孩子想要什么东西的时候，可以多问一句“怎么了”。比如在餐桌前，当孩子说“果汁”时，妈妈可以问“果汁怎么了”；在公园的时候，孩子说“秋千”，妈妈可以问“秋千怎么了”。如果孩子能够回答“喝果汁”“玩秋千”，就说明他（她）已经学会了用更长、更具体的句子来表达自己的需求。

简单明了地说话 因为想成为一个“话痨”妈妈，经常会说一些又长又复杂，让孩子听不懂的句子。其实，由3~4个词语构成的句子，对孩子来说，效果是最好的。给孩子讲故事的时候，不要说“老鼠专心地往罐子里倒水，可罐子却总也不满”，最好能换成更简单的句子，“老鼠倒水，可是总倒不满”。这样说，可以让孩子马上记住。

让孩子知道自己的名字 18个月以后，孩子已经可以说出自己的名字了。对语言发育来说，这是一件非常有意义

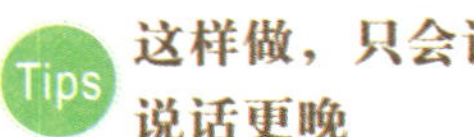

这样做，只会让孩子说话更晚

1 认为孩子听不懂，完全不加考虑地说话。

2 和孩子说话的时候，不看孩子的眼睛。

3 提前预知孩子的要求，并马上满足孩子，不给孩子说话的机会。

4 经常使用和孩子一样的婴幼儿语言。

5 当孩子问问题的时候，因为嫌麻烦，用三言两语打发孩子。

6 总让孩子玩拼图或积木等一个人玩的玩具。

7 让孩子整天看电视或影碟。

8 每天家里只有妈妈和孩子两个人。

9 用识字卡对孩子进行“注入式”教育。

10 长时间让孩子用奶嘴或奶瓶。

Tips 说话晚的案例

京民一直到2岁的时候，还不太会叫“妈妈”，其他方面的发育都没有问题，就是说话特别晚。虽然周围的人都说，“有的孩子5岁才说话呢，2岁不会说话不用着急”。可是，京民妈妈心里难免很焦虑。带孩子看过中医，医生的建议是，只能继续等一等。不过说话晚，可能会造成以后性格不好，甚至社交能力差等问题，所以可以吃点中药调理一下，并采取一些语言方面的治疗。

事实上，京民虽然不会说话，但妈妈可以看得出孩子很想说，嘴里也会经常“咿咿呀呀”的。吃中药以及语言治疗当然都是不错的方法，但会在经济上带来负担。最后，妈妈还是决定由自己来努力教孩子。每天睡觉之前，妈妈都会冲着孩子用各种口吻、各种表情说上几十次“妈妈、妈妈、妈妈……”就这样过了一个月，京民不仅会叫妈妈，还会叫“爸爸”，也会说“不吃”“喝水”等。现在，周围的邻居都说，“虽然孩子到时候一定会说话，可还是需要妈妈的努力呀！”

的事情。因为这意味着孩子已经理解了语言的“象征”本质了。给孩子看他（她）的照片，或带他（她）照镜子的时候，可以问“这是谁”，然后可以轻轻摸摸孩子的脸，“是贤智，贤智。”可以经常问孩子，“你叫什么名字？”，然后轻拍孩子的脸说，“你是贤智。”当感觉孩子已经知道了自己的名字以后，再给他（她）看照片或照镜子的时候，就不要直接说出名字，而是问“这是谁？”引导孩子说出自己的名字。

对孩子发出的任何声音都作出反应 有时，孩子会发出一些妈妈听不懂的声音。对于这些“哦哦哦——”“嗯嗯嗯——”的声音，有些妈妈会认为没有意义，不去理会。其实孩子发出的所有声音都带有交流的意图：可能是肚子饿了，想要什么东西，想出去玩，想换尿布，想和妈妈一起去厨房，等等。妈妈应该通过孩子的“声音”，猜出孩子真正想表达的意思，还要作出反应，“是想要出去吗”“是肚子饿了吗”。如果实在猜不出孩子的意思，也要像孩子那样发出“嗯嗯嗯——”的声音，作为回应。

可以提高词汇量的游戏

在孩子13～24个月的时候，必须要尽全力增加孩子的词汇量。除了要把生活环境变得更适合学说话外，还必须跟孩子多说话，最有效的方法就是“游戏”。下面就是韩国李路达儿童发展研究所所长玄顺英介绍的可以增加孩子词汇量的10个小游戏。

脸部刺激 这个游戏就是先让孩子躺好，然后对孩子嘴边进行按摩。可以用拇指和中指在孩子的嘴边转圈，或轻揉孩子的脸颊，同时跟孩子说一些有意思的话。可以让孩子跟着妈妈一起发“啊、噢……”等，这对纠正孩子的发音有一定效果。

找东西 把孩子平时经常玩的玩具或用的东西放进盒子或袋子里，然后让孩子把手伸进盒子或袋子里掏东西，妈妈在旁边猜是什么。如果孩子掏出来的是球，妈妈可以故意说“牙刷”，孩子就会说“不”，然后妈妈再故意说出另一个东西的名称。有时，孩子会先说出“球”，同时也就学会了这个词。袋子里的东西可以随时更换，以便孩子学会更多的名称。

唱歌 妈妈可以经常和孩子一起唱歌。听歌，除了可以培养孩子学会集中精力，还能培养孩子的乐感。唱歌的时候，可以和孩子一人一句，唱完以后，还可以和孩子一起把歌词里的词汇复习一下。这也是一种很好的学习方法。

多说拟声词 日常生活用语中有丰富的拟声词，这些词会让一句话变得富有节奏感，显得非常有趣。孩子会特别喜欢这样的句子，而且还能从中学习到用一句话描述形态和声音的方法。

叫名称 这个游戏就是通过把日常生活中经常接触到的东西拟人化来扩展孩子的词汇量。开始的时候，先走到要教给孩子的物品面前，喊孩子过来，然后对他（她）说“表，在哪里？宝宝找一找——”然后一边说“表”，一边引导孩子看墙上的表。

时钟游戏 让孩子听时钟的声音，同时嘴里发出“嘀嗒、嘀嗒”声。然后问孩子，“嘀嗒、嘀嗒在哪里？”如果孩子认真听了，就会明白这个词的意思。对于有节奏的时钟声，孩子会感受到听的乐趣。

打电话 电话是一件可以鼓励孩子多说话的很好的玩具。通常孩子更喜欢真的电话机，而不是玩具电话机。可以把手机给孩子，然后拨通家里的电话，和孩子面对面玩一次真实的通话。“喂？”“你是谁？”“我是英熙。”“我是妈妈。”“你今天穿的什么衣服？”……通过这样的通话，让孩子很自然地学到更多词语。

颜色游戏 准备一些红色、黄色、蓝色的彩纸，混合在一起后交给孩子，让他（她）把相同的颜色挑出来。如果孩子做得不错，下一步可以告诉他（她）“这是红色”“这是蓝色”，然后问“红色的东西在哪里？”让孩子在家里找出红色的物品。当孩子找到以后，可以允许他（她）在上面贴上红色的彩纸。

给娃娃穿衣服 这个游戏可以让孩子学会裤子、上衣、裙子、帽子、书包、鞋子等词汇，还可以学会身体各部位的名称。这时候，最好能有一个可以穿脱衣服的娃娃，如果没有的话，可以在纸上画一个草图，或做一个纸人。一边和孩子玩，一边跟孩子说“穿裤子好，还是穿裙子好呢？”让孩子在实际的情境中学会更多东西。

看书 让孩子学说话的最佳方法之一，就是和孩子一起看书。和孩子一起坐下来，打开一本画册，指着各种各样的东西，学习画册里面东西的名称。在孩子18个月之前，可以选择一些没有文字的图画书，孩子的词汇量有一定增加以后，可以选择一些包含大量动植物的字典式的图画书。

24

孩子说话晚，父母应思考的问题

很多父母会有这样的担心：孩子说话晚，是不是因为大脑发育存在问题。如果孩子到2岁的时候还不说话，确实有可能是孩子自身有些问题。

Tips 有些孩子说话晚，父母不必担心

动动嘴，发出声音的“话”并不是语言的全部。语言的最终目的，是沟通与交流。就算孩子不会说话，如果能够通过很多其他方法与妈妈交流，妈妈就不必太担心，只要耐心等待就可以了。特别是孩子能够眼神集中、用手指着想要的东西、可以听懂别人说话时，妈妈可以耐心地等到孩子2岁以后。如果2岁以后孩子还不怎么说话，到那时再带孩子做进一步的检查也不晚。

民胜（20个月）的妈妈李智敏最近非常苦恼：民胜每天吃得好，睡得好，身体非常健康，可在学说话方面，却明显落后了。邻居家的孩子比民胜还小两个月，已经会说“妈妈，我不吃这个”，民胜却只是一边“哦——哦——”，一边摇头。虽然妈妈说的很多话，民胜都可以听得懂，开口说话其实也是迟早的事情，但李智敏的心里还是会有些隐隐忧虑。

说话晚的孩子，可能存在其他问题

不同的孩子，学说话的速度也是不一样的，确实有一些孩子存在说话比较晚的情况。韩国李路达儿童发展研究所所长玄顺英认为，对于孩子说话晚的问题，无条件地等待是很

危险的。因为说话晚，可以看做是孩子没有正常发育的一个信号。玄顺英表示，在前来咨询的说话晚的孩子中，有80%以上不仅是语言发育迟缓或障碍，其他发育方面也存在一些问题。事实上，只有认知能力、社会性、身体等各方面都发育正常，语言发育才比较顺利。

周岁之前，很难发现孩子在认知能力以及社会性方面是否存在异常。过了周岁，认知发育和语言发育情况都是有目共睹的，也会显现出明显的个体差异。有些孩子可以很好地模仿妈妈或其他人的言语和动作，有些孩子在同样的情况反复几次以后，就会了解事情发生的原理了。在社会性方面也是这样，大部分孩子很喜欢大人和自己一起玩，但有些孩子对大人完全没有兴趣。当然，并不是说话晚的孩子都存在问题，但有问题的孩子100%都会出现语言发育迟缓的情况。当孩子说话晚的时候，应该先检查是否存在下面三种情况：首先，认知发育迟缓；第二，社会性以及情感发育与同龄孩子不同；第三，听觉有问题。如果发现有上述这些情况，就不能再无所谓地等待，而应该咨询专业人士（小儿精神科或儿童咨询中心的专业人员），寻求妥善的解决方法。

认知发育落后的三个信号

认知发育迟缓的孩子，在模仿和记忆方面会表现得明显落后于同龄孩子。相同的话，无论重复多少次，孩子还是会马上忘记。那么，怎样才能知道孩子的认知发育慢，并且因此不会说话呢？下面就是孩子在认知发育方面存在问题的信号。在下面的信号中，如果只存在一种，父母可以继续观察，但是，如果三种情况全都有，父母必须要对这个问题重视起来，并且更仔细地观察孩子。

不会用手指想要的东西 当孩子想要什么东西的时候，如果他（她）不会用手指，而是拉着妈妈到那个东西所在

Tips 听力不好的孩子

虽然还没有达到听觉障碍的程度，但有些孩子会出现听不到很小的声音，或无法区分出细微的发音差异等情况。想要孩子语言发育顺利，首先必须让孩子经历“听懂”的过程。但听力不好的孩子无法听出声音的差别，语言发育自然就会停滞下来。

在孩子身后喊他（她） 和孩子面对面的时候，他（她）会发出声音，也会微笑，但是如果在身后喊他（她），孩子没有反应。

面对面说话，会非常专注地看着对方 因为要从妈妈的嘴形变化来了解说话的内容，所以孩子在听妈妈说话的时候会特别专注地看着妈妈的嘴。

经常摔倒 耳朵具有掌管平衡的器官，如果孩子存在听觉障碍，这个掌管平衡的器官也会出现问题。如果孩子走路的时候掌握不好平衡，或经常摔倒，有可能是听觉方面出现了问题。

的地方，这就是一个糟糕的信号。用手指的行为其实是一种象征，传达出“看那个”的意思。语言也是一种高度的象征，如果孩子不会用手指，就可以认为孩子认知发育不够，还不会使用语言的象征。

听不懂别人的话 认知发育晚的孩子，虽然听力是正常的，却听不懂大人的话。听懂“过来”“吃饭”“不行”等简单的指令没有问题，如果听到“把椅子上的黄毛巾给爸爸拿过来”这样较长、较复杂的句子，孩子就会不知所措。这样的孩子记忆力不好，把较长的句子全部记住，并且转化为行动，对他（她）来说是非常困难的。

词汇量没有增加 18个月以后，正常孩子应该每天都可以掌握几个新的词汇。存在问题的孩子，只会使用三四个词语来对话。教孩子新词，比如“电视”这个词，就算经常用图卡和他（她）一起玩，或在日常生活中经常对他（她）说，孩子还是记不住。

社会性和情感发育落后的信号

简单地说，那些社会性和情感发育不好的孩子，就会有自闭倾向。这样的孩子会沉浸在自己的世界里，对周围的人或事漠不关心。在周岁之前，一直喜欢独自玩的孩子，稍大一些后，几乎不和别的孩子说话，如果同时表现出下面这些信号，就可以怀疑是孩子的社会性和情感发育落后了。

眼神不能集中 眼神不能集中，即使故意与孩子面对面，孩子也会迅速把眼神移开。

总是重复别人的话 不会回答别人提出的问题，只会重复别人说的话，语调也很单一。

不会用手指想要的东西 和认知发育及语言发育晚的孩子一样，这样的孩子不会用手指想要的东西。

25

虽然说话还不那么流畅，但这个时期的孩子在行为方面每天都发生着变化，眼神也越来越灵动。13～24个月期间，孩子的大脑发育过程是怎样的呢？下面就让我们来看一看体现孩子大脑发育的各种行为信号。

2岁孩子的大脑发育信号及认知能力的发展过程

怎样才是脑子聪明

最近，每次带智勋（19个月）去朋友家或商场，妈妈都要下很大的决心。因为只要一松开智勋的手，他就不顾其他人的眼神，自顾自地去拿那些看起来很新鲜的东西。可是，很多时候，一个玩具玩上10分钟后，就再也不肯多看一眼了。这让妈妈没法决定是否要将智勋喜欢的东西买回家。在购物的时候，还要不停地追在孩子身后，帮他整理那些散落的玩具。既不能安心购物，又没法与朋友聊天。有时妈妈会略带严厉地对智勋说“安静点”，每当这个时候，他就会很听话地回头看着妈妈的脸。可是，孩子为什么那么喜欢那些新鲜的东西呢?

其实，孩子钟爱新鲜事物，正是他（她）大脑发育良好的一个明显信号。所有的父母都希望自己的孩子头脑聪明。头脑聪明有两个含义：一个是孩子对这个世界有丰富的认识，另一个就是孩子可以迅速了解这个世界运行的原理，这两者又是紧密联系在一起的。比如说，只有认识了苹果、草莓、葡萄，孩子才会有“水果”的概念，因为他（她）已经知道了“水果”是什么样子的。如果孩子不认识苹果、草莓、葡萄，就只是对孩子说“水果是树上结的好吃的果实”，再聪明的孩子恐怕也无法理解。

孩子积累知识的过程

那么，孩子是通过怎样的过程来了解这个世界的各种知识和原理的呢?

前面提到的智勋就是一个很有代表性的例子。看到什么都要摸一摸、动一动，实际上，这就是孩子在积累知识：“原来这个掉到地上会摔碎”“原来这样拉就可以往前走”“原来这个是硬邦邦的”。然后，当孩子再看到类似的东西时，就会再次把它弄掉到地上，看它是否会碎；会拉，看它是否往前走；会摸，看它是否是硬的。如果同样掉到地上，有的东西碎了，有的东西却没碎，为了弄清其中的差别，孩子可能会把这个动作重复很多次。就在不断重复中，孩子可能会突然意识到，“原来软的东西掉到地上不会碎”。从出生开始，孩子会不断经历这样的过程，也就是通过这样的过程，孩子会积累起丰富的知识。出生伊始，含住

Tips 20个月孩子的记忆力

已经20个月的孩子，在他（她）面前把玩具藏起来，孩子却找不到。是孩子的记忆力太差吗?

记忆力是从婴幼儿时期慢慢发育的。周岁以后的孩子，如果给他（她）看一个玩具，然后用毛巾把玩具盖住，他（她）就会掀开毛巾，拿出玩具。如果盖上三层毛巾，孩子掀开第一层以后，就会停止继续寻找。这个时期的孩子，虽然已经有了“东西在那里”的对象延续性概念，但是孩子对这个概念认识还不深刻。“消失的玩具就在那里”的记忆不会持续太长时间，孩子很快就会忘记，然后把兴趣转移到了其他玩具上。一直坚持去寻找消失的玩具，是要到2岁以后才能实现的事情。所以，20个月的孩子找不到藏起来的玩具是很正常的，父母不必太担心，继续观察等待就可以了。

妈妈的乳头或许是一种“本能反射”。逐渐吸吮过更多东西以后，孩子会知道应该在不同的时间、用不同的力度去吸吮不同的东西。因此，在不妨碍到他人的前提下，妈妈应该尽可能帮助孩子去探索。只有这样，孩子才可以学习到各种各样的知识，并且在不断重复中掌握原理。当然，这个重复的过程，有的孩子可能需要10次就可以了，有的孩子可能需要上百次才行。有的孩子会在语言方面表现突出，有的孩子可能在数字方面发展迅速，这都无须有任何担心，只是大脑发育上的个人差异而已。

妈妈应该做什么

处于学习过程中的孩子，要通过自己的行为来了解世界的变化。无意中摇晃铃铛，铃铛会发出声音，下一次，为了听到同样的声音，孩子就会“有意识地”去摇晃铃铛。

当获得了自己希望出现的结果以后，孩子就会产生想要尝试新动作的欲望，这就是所谓的“动机”。如果孩子为了听到铃声去摇铃，但铃铛没有响，或妈妈拿走了铃铛，让他（她）玩别的东西，就会让孩子失去“再试一次”的想法，甚至有些孩子会因此感到不开心，失去探索世界的兴趣。为了孩子的大脑发育，妈妈必须尽量保护孩子对新事物的探索热情。无论孩子要做什么，妈妈都应该给他（她）提供帮助。当孩子有了新发现的时候，妈妈也要适时地给予称赞和鼓励，当孩子遇到挫折的时候，妈妈更要给予支持，这是妈妈该做的事情。

认知发育过程中需要的能力

孩子在认知发育的过程中，需要能力和概念，那就是“模仿”与“对象延续性”。善于模仿，了解对象连续性的孩子，在认知发育过程中一般不会出现问题。

模仿 模仿是一项重要技能。对这个世界的认识，孩子一般都是从“模仿”开始的。模仿能力也是分阶段性的。开始的时候，孩子是在没有任何想法的情况下，随时模仿一些简单的动作。然后，就是过几天以后再去模仿。再下一个阶段，就是把要模仿的东西记在脑子里，需要的时候拿出来。模仿，对于认知发育来说，是一种很重要的能力。如果孩子能够模仿某种动作或语言，他（她）的大脑发育就是正常的，甚至是超前的。

对象延续性 “对象延续性”，简单地说，就是某个事物一直在那里，即使眼睛看不到，它也依然在那里，是一种“当然的”真理。这对于孩子的认知发育非常重要。孩子认为，如果眼睛看不到，就是没有了。所以，孩子不喜欢与妈妈分离。把玩具藏起来后孩子会哭。如果孩子能够找出藏起来的玩具，就说明他（她）的认知能力又前进了一大步。

13～24个月孩子的认知能力

皮亚杰是瑞士著名教育心理学家。他认为，2岁之前，孩子是通过自己的各种感觉，也就是触摸、吸吮、观看等行为来加深对世界的认识。所以，孩子2岁之前的认知发育也叫做“感觉运动期”。皮亚杰将“感觉运动期”分为六个阶段，2岁左右的孩子，认知能力的发育应该处于第4～6阶段。

第一阶段：0～1个月 这个时期，孩子是通过吸吮、哭等反射活动来认识世界的。

第二阶段：1～4个月 这个时期，孩子会表现出更多样的吸吮动作，同时还会通过听和看来认识世界。

第三阶段：4～8个月 发现了因果关系。例如孩子已经知道，晃动铃铛，它就会发出声音。这个时期，随着体验的增加，认知能力也进一步发展。

第四阶段：8～12个月　可以做出一些有意识、具有目标指向性的动作。当孩子伸出手想要拿玩具的时候，如果大人阻拦，他（她）会拨开大人的手，去拿到玩具。这个时期，孩子已经可以找到适当的方法来达到目的了。

第五阶段：12～18个月　为了了解新的动作会带来什么样的结果，孩子会尝试进行各种探索活动。这个时期，是人类先天的好奇心以及对新事物的新鲜感最旺盛的阶段。这个时期的孩子，会通过无数次的失败，享受解决问题的快乐。孩子会不断地重复同一个动作，就是为了了解哪个动作、怎样做，会带来什么样的结果。

第六阶段：18～24个月　这个时期，孩子认知方面的发育会出现质的变化。之前，孩子只能依靠通过身体获得的实际体验来了解一些知识和原理。进入第六阶段以后，就可以记住一些眼前没有的事物或状况，并由此解决问题了。这个时期的孩子，已经在一定程度上理解了原因与结果的关系，因此孩子在行动之前会先思考，一些无谓的事故会明显减少。

26

帮助孩子提高认知能力的游戏

在孩子的发育过程中，游戏会起到非常重要的作用。不过，只有适合孩子的发育情况，游戏才能既有趣，又能发挥效果。如果把100张拼图拿给2岁的孩子，他（她）可能完全感受不到任何乐趣。所以，为孩子选择游戏内容的时候，要考虑到孩子认知发育的水平。

模仿游戏

这个时期孩子大脑的发育基本是通过模仿来完成的。父母不必担心孩子没有创造性的行为，现在要考虑的是怎样通过丰富的游戏，让孩子成为“模仿大王”。

表情游戏 模仿表情，并不是一件容易的事。妈妈和孩子面对面坐好，做出笑、生气、皱眉等表情，然后让孩子跟着妈妈学。这时候，孩子可能会一边学一边咯咯笑。这样的表情游戏，可以培养孩子的观察能力和脸部肌肉调节能力，还能让孩子学会用丰富的表情来表达情感。

搭积木 有很多妈妈都有这种感觉，虽然买了积木，可孩子并不喜欢玩。如果想让孩子爱上玩积木，妈妈必须先做几次“示范表演”。首先把积木分成相同的两份，妈妈和孩子各拿一份。妈妈先摆一个火车或汽车，然后让孩子跟着学。可以先从简单的形态开始，然后逐渐变得复杂。妈妈如果不会摆，可以参考一些相关的书籍。

过家家 妈妈和孩子各拿一个娃娃，然后妈妈像照顾孩子那样来和娃娃玩过家家的游戏。给娃娃喂饭、洗澡、穿衣服、哄睡觉，等等。孩子就会模仿妈妈的动作，把自己当成

一个小妈妈，来照顾娃娃。通过照顾娃娃，可以让孩子有一种虚拟却感觉很真实的体验。这对认知发育很有好处。

涂鸦　和孩子一起坐下来，铺开一张纸，任意涂鸦。如果孩子表现出兴趣，可以给他（她）一支蜡笔，让他（她）学着妈妈一起画。开始的时候，孩子可能连笔也握不好，画得也不成样子。不过，只要稍加练习，孩子就会爱上这种玩法。这时候，不要总把孩子画的与妈妈画的做比较，对孩子来说，最重要的是让他（她）拥有“我也可以”的自信，以及“我要试一试”的热情。

穿珠子　先给孩子演示怎样把穿在线上的珠子一个个拿下来，然后让孩子跟着学。开始的时候，因为孩子还弄不明白珠子是怎样穿在线上，又是怎样取下来的，妈妈可以抓着孩子的手，帮助他（她）完成。

折纸　在孩子面前折纸。对大人来说非常简单的对折，对孩子来说却是非常困难的。不过，如果一直做给孩子看，他（她）就会尝试。当孩子对折纸表现出浓厚的兴趣以后，可以在纸的两端贴上小贴纸，让孩子通过把两个小贴纸贴在一起来练习折的动作。这个活动可以锻炼孩子手部的肌肉，还能培养孩子的注意力。

推小车　如果孩子只知道把玩具车放进嘴里咬，妈妈可以先把玩具车拿过来，前后推给孩子看。虽然做不好，但孩子也会把车拿过来，模仿妈妈的动作。这个游戏可以很好地培养孩子的方向感和注意力。

扔球　和孩子面对面站好，然后把球扔向孩子那边。孩子也会学着妈妈的样子把球扔回来。这个时期的孩子，还不具备能接住球的能力，所以在把球递给孩子的时候，最好能让它滚过去。当然，也可以询问孩子的意见，“让球滚过去，还是扔过去？”。这样，还可以增加游戏的趣味性。

盖盖子　准备几个有盖的盒子。然后在孩子面前，把盒子排成一排，再按顺序盖上盖子。可以先从给大盒子盖盖子开始，这样孩子比较容易模仿。有些孩子可能还无法独立盖上盖子，妈妈可以帮忙。这个活动可以提高孩子的认知能力以及手部的活动能力。

摞起两层塔 这个游戏就是把积木或者骰子等立方体摞起来。在这个过程中，与摞起来相比，孩子可能更喜欢摞起来的东西倒塌时的样子。开始的时候，可以由妈妈摞，只让孩子负责推倒。然后，慢慢给孩子演示如何将一个木块放在另一个木块上，引导孩子尝试把东西摞在一起。15个月的孩子一般可以堆起2块积木，20个月的孩子则可以堆起3块。这个活动可以培养孩子手眼的协调能力以及注意力和平衡感。

大脑刺激游戏

让孩子体验新鲜的东西，孩子的大脑就会产生“这个到底是什么”的想法，这恰恰就是大脑发育的过程。下面介绍的是一些可以刺激大脑活动的游戏，它们能够带给孩子更丰富的体验。

画自己 在地板上铺开一张报纸，让孩子躺在上面，然后妈妈画出孩子身体和手脚的轮廓。下一步，就可以让孩子自己去画出自己的脸、身体或者手脚等。这样做，可以让孩子知道自己身体各部位的名称，并且有机会思考“我”的样子、大小等。通过这个过程，还能培养孩子的创造力。

哪些是一样的 摆出一些形态各异的积木，让孩子把形状和颜色一样的挑出来。然后让孩子说出家里哪些东西的样子与积木相同。比如可以问他（她），“什么东西和积木一样有四个角啊？”然后引导孩子找出电视机、电冰箱等有四个角的东西。通过对色彩和形状分类，可以培养孩子对颜色以及形态的感知。

窗口看图 将杂志上的图片剪下来，再准备一张与剪掉部分大小一样的纸，然后在纸上剪出2～3个小窗口，将纸贴在剪下来的图片上。再一个一个打开小窗口，和孩子一起猜整幅图片是什么。因为这个时期，孩子的记忆力还不是很强，最好能和孩子一起完成贴纸的制作过程。这样可以让孩子了解到部分与整体的关系，并让他（她）明白，转换一个视角会有完全不同的感受。

贴画 在画纸上涂抹一些颜料，或画一些图画，然后把纸对折再打开，就会制作出各种各样的“图画”，然后和孩子一起讨论看到这些图画后的想法。这个过程可以很好地培养孩子的创造力。

戏水 玩水，几乎是所有孩子都很热爱的游戏，因为戏水可以让孩子立刻看到自己的行为会制造什么样的结果。用手拍水，把水装满几个小桶，吹泡泡，洗衣服……都会让孩子玩得不亦乐乎。这时候，妈妈可以多准备一些空瓶子，以此作为游戏道具。

捡豆子 在一个瓶子里装满豆子和珠子，然后倒出来，再让孩子全部捡回去。这是这个时期的孩子最喜欢的游戏之一。在这个过程中，孩子可以体验到各种感觉，还能获得极大的成就感。游戏过程可以反复进行，准备的道具可以是不同大小的豆子、珠子或者纽扣等。不过，在孩子玩的时候，妈妈必须要守在旁边，以免孩子把“道具”放进嘴里，出现危险。

27

适合13~24个月孩子的玩具

可以敲打的玩具　开始的时候，孩子是随意敲打这些玩具，然后逐渐带有目的性。这类玩具除了可以培养孩子的协调性和注意力，还能让孩子获得一定的成就感。

拼图形　当然，2岁的孩子还玩不了100张的拼图。不过，这个时期的孩子都喜欢拼一些简单的图形。

一按就会发出声音或是弹出东西的玩具　这是一种用手指按下去，就会出现一些意想不到的结果的玩具。这些玩具可以帮助孩子了解原因与结果的关系。因为结果是未知的，可以更加吸引孩子的兴趣与注意力。

可以推拉的玩具　这是一种抓住拉手就能慢慢移动的玩具。当然这个拉手要比较大，并且能保证安全。如果能帮助孩子走路就最好不过了。

可以自动移动的玩具　拧发条或装电池后，这类玩具可以自己移动。开始的时候，孩子可能不会特别有兴趣，但慢慢一定会被它吸引。这类玩具可以很好地培养孩子的注意力。

可以拉动的有轮子玩具　很多孩子都喜欢按照自己的意志来推拉玩具。这类玩具可以帮助孩子实现“有目的的行为”，如果在推拉的过程中可以发光或发出声音，孩子会更加喜欢。

球　这个时期的孩子，虽然还不能够自己扔球和接球，但是滚球和追赶球也是他们非常热衷的游戏。和妈妈面对面坐着滚球，会让孩子感受到很大的乐趣。

积木　积木可以让孩子任意搭起来再推倒。开始的时候，孩子会非常热衷于把积木搭起来，再一把推倒。木质、便于孩子抓拿的2.5～3厘米大小的积木是最适合的。

娃娃　摸上去柔软的娃娃，可以给孩子带来情绪上的安全感。另外，玩娃娃对提高孩子的认知能力也很有帮助。

Tips 管理玩具的方法

缝制玩具　这类玩具必须要经常掸灰，并且在阳光下晾晒，以免管理不当引起孩子的呼吸道疾病。一般来说，这类玩具要一周手洗一次。

塑料玩具　这类玩具经常被孩子放进嘴里咬，所以必须要使用婴儿专用洗涤剂，将这类玩具仔细清洗干净。

木质玩具　清洁这类玩具的时候，可以先掸掉灰尘，然后用湿毛巾擦拭。保管这类玩具，要把它们放进有盖子的盒子里。

金属玩具　这类玩具在磕碰后很容易掉漆，所以最好能单独保管在有拉链的袋子里，还要经常用湿毛巾擦拭。

儿时就有沙漠星空下的电影梦
——斯皮尔伯格

《外星人》、《大白鲨》、《回到未来》、《侏罗纪公园》……这些著名而精彩的电影，都是史蒂文·斯皮尔伯格的作品。所有看过这些电影的人，都会惊叹于斯皮尔伯格的“无限想象力”。

儿时的斯皮尔伯格，并不喜欢与朋友在一起。他更愿意独自待在一个安静的房间，沉浸在自己的想象中。斯皮尔伯格不但身体羸弱，而且不善与人交际。改变斯皮尔伯格的人，是他的父亲。

有一次，斯皮尔伯格与父亲一起去沙漠中旅行。夜里，他们一起仰望天空，看到无数闪烁的星星。

“爸爸，是谁种了这么多的星星？”

“或许是上帝吧。”

斯皮尔伯格眨了眨眼睛，继续问，“爸爸，那些可能是外星人在宇宙里种下的，为了给我们一个惊喜。”

“是吗？也许吧。”

……

后来，斯皮尔伯格就有了拍摄科幻电影的梦想。于是，作为礼物，爸爸送了一台小型摄影机给他。斯皮尔伯格想用这台摄影机把曾和父亲一起看到的神秘的星空展现给更多的人。当在电影拍摄过程中碰壁的时候，斯皮尔伯格找到父亲。父亲并没有为他处理问题，而是帮助他研究解决问题的方法。

如果没有儿时与父亲一起看到的那片星空，或许就没有今天的斯皮尔伯格。

所以，利用一切机会，给孩子更多的体验。让这些体验变成珍贵的种子，成就孩子未来的梦想。

译注：史蒂文·斯皮尔伯格（1946—　），美国著名导演、编剧和电影制作人。在他的电影生涯中，曾触及多种主题和类型的电影，两度荣获奥斯卡最佳导演奖。其代表作有《侏罗纪公园》、《辛德勒的名单》等。

Part 04

让孩子聪明又讲理

必须开展的教育

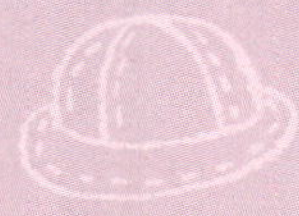

28

用“试试看”来代替“不行”

很多妈妈是在养育孩子的过程中才发现，原来这个世界有这么多不能做的事情：不能爬到特别高的地方，不能摸锋利的东西，不能大声喊叫，不能只喝牛奶，不能很晚睡觉，等等。可是，孩子却在不停地说“我要做”。在孩子看来，只有亲自去尝试一番，才能知道这个世界到底是什么样。在阻拦孩子的时候，妈妈的嘴里充斥着“不行”“不要做”“停止”。对妈妈的话，孩子却往往置若罔闻，依然自顾自地走着“自己的路”。

在妈妈的不断拒绝与阻拦中，曾经是孩子眼中最亲切的面孔，却慢慢变成了一个可怕的妈妈。可是，没有哪个妈妈想成为坏妈妈。那么，就对孩子的危险行为置之不理吗？当然不是那样的，但是妈妈可以改变一下策略。改变一种说法，也是在改变一种态度。用“去吧”“没问题”来代替“不行”“不要动”；用“安静一点”代替“别吵了”；用“可以摸玩具”代替“不要摸这个”。不要让孩子觉得，这个世界处处都是“禁地”，要让孩子感觉“这样做是可以的”。

“无论什么事，我都可以做，我知道最好的方法”，让孩子产生这样的想法，将是父母给予孩子的最大人生财富。

29

怎样展开亲子阅读

终于渡过了撕书、咬书的时期，现在孩子已经可以安静地翻开书本，好好阅读了。可是，这会儿的孩子，既不识字，有些话又听不懂，应该怎样给他（她）读书呢？下面就来学习亲子阅读的方法吧。

从小开始给孩子看书

很多儿童教育专家都反对专门的学习教具和教材，他们一般会向年轻的父母推荐各种图书。无论是撕扯这样的直接体验，还是通过阅读获得的间接体验，对孩子来说，图书都具有非常重要的意义。很多学者认为，刚出生三四个月的孩子，已经可以看一些色彩鲜艳的图画了，父母同时还可以告诉孩子，“这是苹果”“这是汽车”。虽然时间非常短暂，但是可以帮助孩子集中注意力，并且记住阅读对象的形态和颜色。通过给孩子看书，可以让孩子对事物有抽象的认识，同时培养孩子的想象力。家、公园、市场，这些虽然都是直接可以看到的世界，却有很多限制，书籍所展现的世界是广阔无边的。所以，读书越多，孩子对世界的认识也会越丰富，认知能力的发展也会更迅速。妈妈在给孩子阅读的过程中，会使用准确的词句，这会对孩子形成一定的语言刺激，对孩子的语言发育很有好处。

亲子阅读的方法

增加孩子接触书籍的机会 亲子阅读的第一个问题，就是要让孩子对书籍产生兴趣。可以在他（她）经常玩耍的空间里放一个小书柜，让孩子可以随时把书抽出来，再插回去。开始的时候，孩子会对抽书的动作非常感兴趣，而且只做这一个动作。这时候，一定不要指责孩子，只有这样，他（她）才会与书籍越来越亲近。

阅读时表情要夸张 在给孩子阅读的时候，不能只是单纯“读书”，而应该采取夸张的语气和节奏。当有几个人物出场的时候，要模仿不同人物的说话方式，增加阅读的趣味性。

让孩子打开书柜 在和妈妈一起阅读的时候，打开书柜

Tips 全集与单行本

买全集好，还是买单行本好呢？专家建议，最好是从单行本开始购买，因为每个孩子喜欢及感兴趣的方向不一样。如果直接购买全集，图书的使用率可能会下降。因为这个时期会过去得很快，以婴幼儿为对象的图书都是按照年龄段分的，以后也很难再有机会用到了。等孩子到了五六岁，就可以考虑购买全集了。在现阶段，最好是一册一册购买，或朋友之间互相借阅。

是孩子很喜欢的一项活动。在需要的时候，可以对孩子发出请求，“请帮妈妈打开书柜。”如果孩子打不开，也不要帮忙，要尽量让孩子自己完成。打开以后，要对孩子说，“做得真好，谢谢”。

根据孩子的情况变换阅读形式 孩子喜欢的书中，可能出现句子过长，或是文字内容太多的情况。在阅读的时候，最好能把长句变成短句。例如这样一个句子，“秋天到了，叶子都落了下来。冬天到了，因为天气寒冷而找不到食物的蚂蚱来到了小蚂蚁温暖幸福的家”，可以把它适当变形，或者省略掉部分内容，变成“秋天过去了，冬天来临，下雪了，蚂蚱感到很冷，它来到了小蚂蚁的家”。这样说出来，孩子更容易理解和接受。

抱着孩子一起阅读 如果妈妈和孩子并排坐，书放在旁边，孩子无法看到图片，妈妈也无法看到文字，非常不方便，而且视线要看到另一个方向，很难集中精神。可以像袋鼠妈妈那样，把孩子抱在怀里，和孩子一起阅读。这样可以帮助孩子精神集中，哪怕只是很短的时间。和妈妈在一起，也让孩子感觉更有趣。

反复读一本书 这个时期的孩子，大多是通过“重复”来积累知识的。如果孩子觉得某一本书很有趣，就可以为孩子反复读这本书。作为妈妈，当然希望孩子能接触到更多的书籍，但是，最好能经常给孩子重复同一本书，直到他（她）失去兴趣为止。

读什么书好呢

适合这个时期孩子阅读的书籍有很多，例如识物类的图画书、生活童话、识字书、连环画等。

选择图书的时候，可以考虑儿童出版社出版的读物。这些书在语言和图片上通常都很符合孩子的特点。选择图书时，还要考虑图片的色彩是否干净，书页是否结实等问题。

识物类图画书 这些书中的图片主要是家里的电视、冰箱、镜子、椅子等日常用品。选择图书时，最好选择那种图片尽可能接近实物的。不需要复杂的背景以及花哨的装饰，只要能够简单明确地表现出物品的特点就可以了。这个时期的孩子更容易记住一些简单的东西。如果书中全部是实物的照片，这当然是最好的选择了。

生活童话 这类书是以穿衣服、睡觉、吃饭、去公园玩等日常生活中发生的事情作为素材，编成一些简单的故事，主人公是小熊、小狗、小兔子等。这类书非常受孩子的欢迎。

识字书 这类书是专为促进孩子语言发育而制作的。它把孩子应掌握的词语，按照一定的体系综合起来，有些是以句子为单位，由简到繁。如果感觉孩子语言发育比较慢，可以适当选择这类图书。

连环画 这类书是通过具有连贯性的图画，配上文字来讲述一个故事。如果让孩子独立阅读此类书，肯定是有困难的。因为看不懂，可能还会降低孩子的兴趣。不过，即便是这样，妈妈也不必着急给孩子讲，而是放在那里，让他（她）先熟悉这样一种形式。

歌谣、诗歌类 歌谣、诗歌类图书中包含了大量的拟声词，读出来的时候具有一定的节奏和韵律，孩子会很喜欢。这类书籍可以培养孩子独特的表现力。

韩国图书研究专家黄京淑推荐

30 2岁孩子应该阅读的20本书

在这个时期，孩子最好能阅读一些与培养生活习惯有关的图书。如果孩子只是想拿着书玩，最好不要强行给他（她）读。要尽可能让书成为孩子生活的一部分。

《圆圆识图卡》 把盒子里的卡片拿出来排列好，让孩子在玩的过程中认识物品，学习单词，还能让孩子对文字产生兴趣。（永进出版社，韩国）

《噢，大卫！》 大卫的故事讲述的都是2岁左右孩子的事情。本书可以让孩子通过和自己差不多的大卫，找到情感的寄托点。最后，通过投入妈妈怀抱的场面，让孩子感受到温暖。（知耕出版社，韩国）

《敲敲看》 这是一本可以像敲门那样敲打的书。它很容易让孩子集中精神，把自己幻想成书中的主人公。（四季出版社，韩国）

《是谁？是谁？》 这本书主要是通过拟声词、拟态语，帮助孩子认识各种动物。本书既详细介绍了动物的各种特征，又可以让孩子自己去找藏起来的动物，有很强的趣味性。（大麦出版社，韩国）

《布鲁纳贴纸书》 这本书是通过粘贴贴纸，培养孩子手眼的协调能力。把贴纸撕下来，再粘贴上去，可以组成一个故事，还可以诱导孩子“自己说”，对促进语言发育很有好处。（婴儿世界出版社，韩国）

《小兔子翅膀书》 主要是让孩子学习简单的物品以及物品的用途。本书采用立体书的形式，可以让孩子享受到自己解决问题的快乐。（更好图书出版社，韩国）

《**咿咿呀呀宝宝图画书3**》 这本书可以培养穿衣服、排便训练、吃饭等2岁孩子需要掌握的生活习惯。书中出场人物的样子和动作都是用拟声词、拟态语表现的，对于孩子的语言发育很有好处。（I-seum出版社，韩国）

《**嘭嘭游戏歌谣（含CD）**》 这本书可以让孩子一边听歌一边跳舞，通过很自然的方式，促进孩子的语言发育。（书中泉出版社，韩国）

《**咚咚拉臭臭**》 通过这本书，可以很好地对孩子进行排便训练。和书里的小动物一样，一方面妈妈在旁边加油，另一方面孩子努力排便。（宝林出版社，韩国）

《**这是什么动物？**》 这本书是通过一些简单的描述，让孩子猜出描述的是什么动物。虽然书中涉及的都是很简单的问题，但会让孩子觉得新奇有趣。（永进出版社，韩国）

《**咔嚓咔嚓的火车旅行**》 把书打开后，它就变成了150厘米长的一列火车。妈妈可以通过此书与孩子一起玩他（她）很喜欢的开火车游戏。（艺林堂出版社，韩国）

《**苹果和蝴蝶**》 线条简洁的图片，可以达到吸引孩子注意力的效果。故事情节简单，但可以为孩子以后的阅读打下基础。（宝林出版社，韩国）

《**手，手，我的手**》 鲜艳单一的颜色，配上简洁但富有节奏感的语言是本书的特色。这本书可以很好地让孩子学会爱自己，表达自己。（打开孩子出版社，韩国）

《**金鱼跑了**》 这本书的内容是找出金鱼藏在哪里。妈妈可以和孩子一起玩书中的游戏。找金鱼的过程，可以很好地培养孩子的注意力。（翰林出版社，韩国）

《**小刺猬的爱**》 这本书可以让孩子感受到妈妈的爱，文字简短，并配以图片，阅读起来非常轻松。（翰林出版社，韩国）

《**小青蛙**》 这本书可以让孩子一边学习字母，一边享

受到读故事的乐趣。图片趋于传统风格，出场人物的表情生动，非常适合孩子阅读。（四季出版社，韩国）

《苹果，啊呜！》 这本书可以帮助孩子熟悉拟声词、拟态语。无论是吃饭的样子，还是吃饭时的声音，都用拟声词、拟态语来表现，能够很好地培养孩子的语言感觉。（宝林出版社，韩国）

《突然咬一口》 这本书可以培养孩子的想象力。鲜艳的颜色，配上各种奇思妙想，还有大量拟声词、拟态语。快乐的结尾一定会让孩子非常喜欢本书。（时空出版社，韩国）

《我的小便盆在哪里？》 这是一本训练孩子小便的图书。它可以安慰孩子在训练小便期间所感受的心理不安。（绿书出版社，韩国）

《小猫咪最喜欢的颜色》 小猫有趣的表情以及鲜艳的色彩，都很符合这个时期孩子的口味。除了可以学习各种颜色的名称，还能与妈妈展开爱的交流。（宝林出版社，韩国）

31 带2岁孩子去旅行

一次旅行，是比去100次公园更有益的教育活动。孩子在旅行中和爸爸妈妈一起度过一整天的时光，可以看到新的风景，接触到新的事物。不过，在与孩子一起旅行之前，还是要做很多准备工作的。

旅行之前 旅行对于孩子来说，是一种非常新鲜的体验。与大自然亲密接触带给孩子的快乐，是游乐园里的任何一种设施都无法比拟的。这种快乐不是强烈的刺激，不是让孩子过度兴奋，而是带给孩子一种平静、安详的感觉。这就是大自然的力量。平时照顾孩子倍感辛苦的父母，可以在这样的环境中，感受到与孩子在一起的快乐。

坐车的时候 首先必须在车中配备儿童安全座椅。不要忘记，抱着孩子坐在副驾驶位置上是一种错误行为。必须让孩子坐在后排座的安全座椅上。

在坐车的时候，大部分孩子会睡觉，但不能让孩子一直睡觉。为了防止孩子打瞌睡，可以提前准备好孩子喜欢的玩具，用一根小绳子把玩具拴在安全带或者安全座椅上。如果乘坐高速客车或火车，不要在孩子头顶的位置上堆放重物，以防紧急刹车的时候重物掉下来发生危险。

自驾车外出旅行的时候，最好能每隔一个小时让孩子下车休息一下。可能的话，让孩子在草地上玩一会儿。当然，这时候一定要提前准备好孩子的食物、更换的衣服，还有一些常规药品。乘车的时候，孩子最不喜欢的就是刺眼的阳光，准备一个造型可爱的遮阳板就可以解决问题了。当阳光强烈的时候，可以给孩子穿上一件轻薄的长袖外套。还有，最好让空调口对着车顶，以免空调风吹到孩子。

旅行中的吃饭问题 旅行的时候，父母最担心的恐怕就是孩子的吃饭问题了。13个月的孩子还没有完全告别流食，最好提前买一些可以在目的地吃的包装好的食物，或自己在家里做好一些孩子喜欢的食物放在保鲜盒里，当然，如果能保温就最好了。如果孩子可以和大人一起吃饭，只要为孩子准备一些应急的零食就可以了。

在旅行的时候，孩子通常不会好好吃饭，妈妈不必非要强迫他（她）多吃一口，孩子想吃多少就吃多少。对于一些没吃过的食物，父母不必强迫孩子尝试。在开车的过程中，最好不要让孩子吃东西。

旅行途中最好的点心就是水果，最好准备一些吃起来方便的水果。孩子吃剩的食物要扔掉，孩子喝的水最好是在家里烧开晾凉后的白开水。如果喝的水有问题，孩子很容易发生腹泻。

在外面玩的时候 无论天气冷热，孩子都会在外面玩得很开心。大多数孩子都是怕热不怕冷，所以，即使是天气比较冷，也不用给孩子穿过多的衣物。因为跑起来以后，体温会升高，最好为孩子选择那种穿脱方便的衣服。

孩子似乎天生就不怕水，而且特别喜欢玩水。白天，孩子会喜欢走在浪花翻卷的海边，还喜欢冲到水里。孩子更愿意自己光着小脚丫下水，而不是被父母紧紧抱着。但须要注意的是，即使是夏天，海水也是很凉的，孩子是意识不到这一点的，家长要特别留心，不要让孩子因此受凉。

怎样让旅行更舒适 虽然孩子已经会走了，但还是会有很多需要抱着或背着的时候，最好提前做好准备，这样可以让旅行更加舒适。

最好能准备一个背带，还有一辆婴儿车。这个时期的孩子已经有了一定的重量，在选择背带的时候，要考虑好承重问题。当用背带绑缚孩子的时候，一定要特别注意安全。当把孩子背在后背上弯腰的时候，一定要先弯曲膝盖，这样才不会摔到孩子。在原地站立的时候，也要随时查

Tips 孩子旅行后的状态

旅行归来以后，孩子可能会连续几天都显得很疲惫，生活节奏也完全混乱。对孩子来说，陌生的场所和陌生人都是一种令人愉快的刺激，但是，为了适应这一切，孩子也承受了许多的压力。所以，孩子可能会在旅行后不好好吃饭，不好好睡觉，又变得像很小的时候那样，一刻也离不开父母了。

同时，也存在另一种情况。在旅行的时候，孩子每天都和爸爸妈妈在一起，过得非常快乐，可回到家以后，爸爸要去上班，妈妈要忙家务，无法再像旅行时那样和爸爸妈妈一起玩。这成为了孩子的另一种压力，这让孩子很难重新适应日常的生活环境。这时候，即使很辛苦，爸爸妈妈也要更加细心地去关心照顾孩子。为了能保持在旅行时建立起来的父母与子女之间融洽的关系以及美好的记忆，父母可以经常和孩子谈论旅行时的事情。

看孩子的状态，不要让树枝等异物伤到孩子。婴儿车可以折叠后放在车里的，最好选择3千克以下的轻型车，这样携带起来比较方便。

晕车　如果孩子在旅行途中晕车，会非常难受。提前吃些预防药物，情况就会好很多。虽然很多父母不喜欢给孩子吃药，但是与让孩子因为晕车而影响了美好的旅行相比，借助药物的帮助，还是一个明智的选择。有些晕车药可以直接在药店购买，不过，因为每个孩子的体质不同，最好还是先去医院检查，然后按照医生的处方给孩子吃药。一般来说，上车前30～60分钟吃晕车药就可以起到预防作用了。

当孩子出现晕车症状后，首先要让孩子大口呼吸。另外，在乘车之前不要让孩子吃东西。如果孩子吃过东西，那么最好30分钟以后再上车。如果晕车症状一直没有缓解，可能会出现呕吐。这时候，最好能马上停车，然后开窗通风。如果车里充满呕吐物的气味，会让孩子觉得更加恶心。不同的孩子会有不同的状况。一般来说，乘坐火车和飞机的时候，晕车症状会比较轻。转移孩子的注意力也是缓解晕车的一个好方法。妈妈和孩子一起讲故事，玩玩手指游戏，或一起唱歌，都可以让旅途不枯燥。开车的时候，最好能尽量避免紧急刹车或是突然停车以及严重的晃动，时速应该保持在80千米以内。

32 早教机构和各种教材教具有用吗

试试也不错还是完全没必要

现在，市场上有很多全套出售的教材和教具，而且都声称，必须从周岁就开始使用，效果才最好。韩国延世神经科附属小儿青少年神经科医院的孙硕汉医生却认为，无论是各种教材还是教具，都是完全没有必要的。这个时期的孩子正在独自探索世界，了解和感受各种事物，把握事物的原理。如果把这个过程确定为“学习”的形态，就会给孩子带来不必要的压力。

虽然这个时期的孩子认知能力比以前有了质的发展，但是这必须是在情绪稳定的时候才能实现的。如果妈妈因为患了忧郁症，或身体不适而无法照顾孩子，即使给孩子提供再多的教材，孩子也不会开心。孩子的认知教育，并不是越早开始就学得越多，而是要与情绪以及社会性发育结合在一起。所以，与妈妈在一起时的自然获得，要比通过教材或是陌生的老师来学习更有效。

韩国人类发展研究所所长文美熙认为，很多妈妈因为要忙于照顾孩子的生活以及家里的琐事，很难充分利用与孩子在一起的时间，可以一周请专业的老师上门一次，这应该也是个不错的选择。另外，和以前单纯教知识不同，现在又出现了很多以游戏形式展开的教材或教具，这些也可以给孩子带来一些新鲜的刺激。

在选择教材教具的时候，最好挑选那种可以让孩子触摸，而且会发出声音，可以带来感官刺激的产品。早教老师也一定要了解孩子的发育情况，并且可以给孩子带来安全感。上课的时候，妈妈一定要在场。

Tips 选择教材及教具的原则

根据孩子的年龄进行选择 如果选择的教具适合年龄偏高的孩子，那么可能很长时间都用不上，最好选择买回来马上就可以用的产品。如果孩子在13～24个月这个阶段，选择适合36个月前使用的教材和教具就比较合适了。

选择口碑好的出版社的教材 现在有很多东西，虽然价格低廉，但制作非常粗糙。因为与孩子的安全有关，还是要慎重选择这类产品。

确认是否环保，是否有专业认证 购买教材的时候，常常需要一次支付比较大的金额，除了考虑内容以外，是否环保、是否有专业认证，也是需确认的部分。

summer

曾经结巴的通用电气前董事长——杰克·韦尔奇

杰克·韦尔奇是世界最大的电子公司——通用电气公司前董事长兼首席执行官。1981年，韦尔奇接手通用电气。而后，在他的率领下，通用电气成为当今世界最有价值的公司。他曾解雇了10万名员工，但是，在任何情况下，韦尔奇都不会因为挫折而失去自信。

韦尔奇这种自信的信念，来自于他的母亲。童年时代的韦尔奇说话结巴，这经常给他带来很多尴尬。有一次在餐厅买饭，他说的是“金——金枪鱼三明治”，结果被听成“两个金枪鱼三明治”，并收到双份。开会的时候，如果情绪激动，韦尔奇也会出现说话不流畅的情况。但是，成年后的韦尔奇对自己的这个毛病却完全不在意。因为童年时的韦尔奇曾经问过妈妈，“为什么我说话结巴？”妈妈是这样回答他的，“那是因为你太聪明了，你的舌头跟不上你聪明的头脑。”对于妈妈的话，韦尔奇一直坚信不疑。妈妈的话也让韦尔奇拥有了自信，“原来我的脑子转得比别人快，原来我更聪明”。

无论是谁，都很难把自己的缺点看成优点，但是，妈妈可以。要把“我可以做到”的想法深深植入孩子内心，孩子就真的会成长为那样的人。

译注：杰克·韦尔奇（1935—　），通用电气公司前董事长兼首席执行官。1960年加入通用电气塑胶事业部，1981年成为通用电气历史上最年轻的董事长兼首席执行官。在韦尔奇的领导下，通用电气的市值由130亿美元上升到了4800亿美元。排名从世界第十提升到世界第一。

Part

05

培养一个充满爱心的孩子

现在就要启动

父母职责

33

该给孩子怎样的自由

很多人会把这个时期的孩子叫做“会行走的定时炸弹”。因为不知道孩子什么时候，在哪里就会发生事故。因此，妈妈不得不一直追在孩子身后，不停地说“不行”“不要动”“住手”。可是，这其实是孩子正在自由地探索世界，一味阻止似乎也是不妥的。让我们来看这样一个例子。

孩子拉开了梳妆台的抽屉，把妈妈的化妆品全部拿了出来。这时候，是应该制止孩子，还是任由他（她）去随意探索？还有，带孩子去商店，他（她）想要去拿饼干袋子，是该让孩子住手，还是帮助他（她）拿下来？面对这样的选择，妈妈如何动用自己的智慧，做出正确的判断呢？

有一个牧场主，马养得很好。别人问牧场主有什么秘诀，他的回答是这样的，“把篱笆建得高一些，让马儿可以在篱笆里自由奔跑，但不能让它跃出篱笆，因为外面有野兽，出去会被野兽咬死。”

我们对待孩子，其实也可以采取这样的原则。对于会威胁到孩子安全与生命的“界限”是绝对不能逾越的，但在“界限”之内，可以让孩子随意活动。如果你还在为“该给孩子怎样的自由”而烦恼的话，只要记住，“把篱笆建得高一些，在篱笆里面可以自由自在”。在这个原则下，一定可以找到最佳的平衡点。

34 对孩子表达情感的方法

亲昵的表现很重要

“不断向孩子表达你的爱”，这是所有育儿书以及所有育儿专家给父母的忠告。因为，孩子在感受到来自父母的肯定和关爱时，会形成强烈的自尊心和自信心。不过，这并不是说，要让父母为孩子做一切事情，比如喂饭、穿衣服、哄睡觉等，满足孩子的一切要求。

肌肤的接触

拥抱　尽量紧紧地拥抱孩子。

摸孩子的头　温柔地抚摸孩子的头。突然弹孩子的脑门儿可是不太好的。

摩挲后背　很多孩子都很喜欢让妈妈按摩后背。

亲吻　脸蛋、脖子、手臂……在一切可能的时候，好好亲吻你的宝贝吧。

轻轻地搔痒　用手指轻轻抓挠孩子的脚掌、腋下、下巴等部位。

按摩身体　当孩子躺着的时候，用手按摩他（她）的四肢和肚子。

搓搓脸蛋　包括搓搓脸蛋，摸摸鼻子，拍拍屁股。

对话和称赞

“我爱你!”没有比这三个字更能表达爱意了。如果一辈子都没有从父母那里听到过这句话，这样长大的孩子该是多么不幸啊。

“真棒!”这两个字可以有效地培养孩子的自信。

“做得好!”这三个字一定会让孩子心情大好。

温和地跟孩子说话。即使是责备的话语，也要温和地说出来。

Tips 身体接触比称赞更有效

1 跷起大拇指，冲孩子眨眨眼。
2 把孩子抱起来，举过头顶。
3 做出夸张的表情，假装晕倒。
4 无条件地大笑。

35 送2岁孩子去儿童之家

要送孩子去儿童之家吗

通常来说，很多专家都认为，最好不要在2岁之前就把孩子送去儿童之家。这个时期的孩子，会因为与妈妈的分离而产生强烈的不安情绪，而且，大部分孩子还不能实现大小便自理。如果现在把孩子送去儿童之家，必定会刺激孩子产生分离不安。孩子在儿童之家解决大小便，会有被“训练”

的感觉，从而产生压力，甚至抗拒。因此，与儿童之家相比，把孩子交给一对一的保姆更加合适。当然，如果孩子发育比较快，分离不安情绪已经消失，也基本可以控制大小便了，即使不满2岁，把他（她）送到儿童之家也是没有问题的。

怎样选择儿童之家

1 首先要考虑的就是儿童之家里孩子与老师的比例。每位老师负责的孩子数量当然是越少越好，最好每位老师负责的孩子不要超过5人。

2 与那些重视教育成果，准备了大量的教学设备和教材的地方相比，有和蔼的老师，老师能让孩子感觉到安全与温暖，才是更加重要的选择标准。

3 是否有足够的场地，可以让孩子展开各种户外活动。

把孩子送到儿童之家以后

把孩子送到儿童之家以后，最重要的就是要让孩子喜欢上那里，而不要让孩子觉得去儿童之家就是与妈妈的分离。通常来说，完全适应儿童之家的生活，孩子可能需要一个月左右的时间。

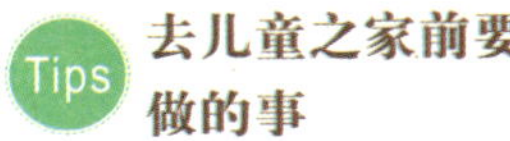

去儿童之家前要做的事

决定要送孩子去儿童之家以后，要至少提前三个月开始进行“适应训练”。首先，每周带孩子去一次亲子中心，让孩子与其他孩子一起游戏、玩耍，让孩子熟悉与其他孩子以及成年人在一起的状况。不要总是在孩子面前说，“我的孩子很怕生，去儿童之家真让人担心”。这个时期的孩子，语言理解能力要比说话能力强很多，孩子可以很清楚地知道妈妈对自己的担心，反而会让孩子产生压力。在去儿童之家1～2个月之前，可以把去亲子中心的次数增加为每周2～3次。这个时期，千万不要为了测试孩子是否已经做好准备，就从孩子眼前突然消失。这样做，只会进一步刺激孩子的分离不安情绪。

36 孩子有了弟弟妹妹，会出现发育倒退

很多妈妈在生下第二个宝宝以后，发现第一个孩子会出现一些意想不到的行为，有些孩子甚至打自己的弟弟妹妹，妈妈因此而焦虑不安。那么，这些孩子的心理究竟发生了怎样的变化呢？

有了第二个小宝宝后，第一个孩子成为“退位之王”

2岁之前就有了弟弟或妹妹的孩子，心理上所承受的压力是旁人无法理解的。自己连话都还说不利索，很多事都还没有头绪，却要与别人分享玩具、分享睡床。因为有了弟弟妹妹，自己必须要保持安静，种种不便，恐怕不是几句话可以说得清的。更重要的是，还要与别人分享妈妈的爱，这才是让他（她）最不能接受的事情。

心理学家和小儿精神科医生把孩子的这种状况叫做“退位之王”。弟弟或妹妹出生以后，家里人的所有关注点都转移到小生命上了，第一个孩子突然变成了“大孩子”。曾经处在中心位置上，现在却被推到了后面，所有这些，对孩子来说，都是很难忍受的伤害。

对于2岁的“大孩子”来说，新降临的小生命根本不可能成为与他（她）“血脉相连的兄弟姐妹”，只是抢走了妈妈、抢走了玩具的竞争者和威胁者。第一个孩子会对弟弟妹妹产生敌对感，甚至出现发育倒退的情况都是出于这个原因。

Tips 家里又有一个小宝宝后，绝对不要对第一个孩子说这样的话

“你是哥哥，要让着弟弟。” 这只会让孩子产生更大的怨气。

“只有好好跟弟弟玩，才是好孩子。” 在孩子听来，这句话充满了威胁的意味。潜台词似乎是，如果不好好带着弟弟玩，妈妈就不爱你了。

“他是弟弟，和弟弟打架，你不害羞吗？” 如果因为弟弟的关系指责哥哥，只会让哥哥更讨厌弟弟。

孩子的发育倒退，是为了吸引妈妈的注意

最有代表性的一种发育倒退就是，本来已经可以控制大小便的孩子，看到弟弟妹妹换尿布，也会把大便拉得到处都是。本来已经可以自己吃饭，现在却张开嘴，要求妈妈像喂弟弟妹妹那样喂自己，或在不高兴的时候躺在地上打滚、大声哭闹，甚至有的孩子会要求坐弟弟妹妹的婴儿车……所有这些行为，其实都是为了把妈妈关注的目光从小宝宝那里吸引回自己身上。

称赞大孩子“自己吃饭吃得真好” 当已经告别奶瓶的孩子又抱着奶瓶走来走去时，原因可能是看到弟弟妹妹用奶瓶而心生羡慕。而且，他（她）以为如果自己也像弟弟妹妹那样抱着奶瓶，妈妈就会照顾自己。这时候，最好不要指责他（她），“你已经长大了，为什么还要抱着奶瓶？”可以这样告诉他（她），“弟弟还小，只能用奶瓶，而你已经可以用杯子喝水和牛奶了，还能自己吃饭，真是太了不起了。你知道吗，小弟弟也想快点像你一样能干呢，你真是妈妈的骄傲。”同时，当孩子做出一些成熟的表现时，一定要及时表扬他（她）。

让孩子一起来照顾小弟弟或小妹妹 可以对孩子说，“要是小弟弟能像你一样，那该有多好啊！小弟弟还太小，你要帮妈妈照顾他呀”，并让第一个孩子参与到照顾小弟弟或小妹妹的工作（拿奶瓶、拿奶粉罐等）中来。这样，既会让孩子感到满足，又能通过这个过程，教会他（她）更多东西。

优先照顾好第一个孩子更重要

一旦发现第一孩子出现了发育倒退的情况，最好有意识地多给他（她）一些照顾和关注。即使孩子自己已经走得很好，但还是经常要求妈妈抱一抱、背一背，最好能够先满足他（她）的要求，并且要适当减少在第一个孩子面前抱小宝宝。

如果必须要抱，可以由妈妈抱着小宝宝，让爸爸抱着老大。总之，要尽量让孩子感觉到公平。有些妈妈认为，在小宝宝出生之前，已经给了老大足够的爱，所以现在多关心一下小的是应该的。这其实是一种危险的想法。心理学家认为，这种情况下，反而是老大会产生更多情绪上的不安。因为小宝宝还太小，对这些还没有什么概念，也就不会觉得妈妈被抢走，别人在与自己分享爱，不会产生心理上的冲击。

为什么会打弟弟妹妹

当对弟弟妹妹的嫉妒达到一定程度以后，老大就会出现打弟弟妹妹的情况。有些孩子会一边说，“小宝宝真可爱”，一边趁妈妈没注意，随便拿个东西扔过去。这让妈妈很苦恼，甚至会讨厌老大，不明白他（她）为什么会这样“恶毒”。其实，孩子这样做，并不是因为坏或是心地不善良。那么，孩子的真实心理究竟是怎样的呢?

第一，嫉妒心的表现 或许是觉得小宝宝抢走了妈妈对自己的爱，因为嫉妒，大孩子才使用暴力。

第二，优越感的表现 这是一种为了证明自己比小宝宝更强大的手段。

第三，为了解气 对于妈妈经常打骂自己而积聚了愤怒的孩子，会通过暴力把愤怒加到小宝宝身上。

这时候，妈妈应该怎么做呢? 遇到这种情况的时候，首先要让孩子感受到父母对他（她）更多的爱，以此调整好孩子与父母的关系。“良好的关系”代表着孩子不会对妈妈产生抱怨，而是怀有热爱的情感。要想与孩子搞好关系，妈妈要先行动起来。为了让大孩子不至于嫉妒小宝宝，妈妈可以经常在耳边悄悄对他（她）说，“你更漂亮”，为了不让孩子用暴力来展现自己的优越感，可以经常告诉他（她），“你更棒”。

37

孩子2岁以后，更要注意防范安全事故

妈妈的眼睛只是离开了一秒钟，可能孩子就会从椅子上滚落下来。有时，孩子还会吞下一些奇怪的东西，或把手伸向滚烫的开水里。这个时期，在保障孩子安全方面，预防是重中之重。

提前防止危险的发生

这个时期的孩子，好奇心满满，即使告诉他（她）危险，也无法控制自己想要去摸一下的欲望。只要是让孩子看到，无论什么东西，都会去摸一下、抓一下、拉一下、推一下。而要想完全制止孩子的这种行为，显然是不太现实的。如果只是告诉孩子不要那样做，他（她）是不会乖乖听话的。

既然这样，父母就只能仔细观察孩子的一举一动，在孩子做出危险行为之前，预先消除那些危险因素。对孩子来说，发生事故，或许就在电话铃响起，有人按门铃，或妈妈

Tips 不能让孩子碰的东西

药品 要把各种药品放在封闭的盒子里，并把盒子放到孩子拿不到的地方。

大塑料袋 孩子拿着塑料袋玩，有时会把袋子套在头上，这就可能会造成窒息。应该把塑料袋放在孩子拿不到的地方。

钉子 要确认在孩子身高可以够得到的地方是否有钉子。不小心碰到钉子的话，孩子很容易受伤。还要检查挂在墙上的镜子、画框等是否结实，以免掉下来砸到孩子。

长绳 孩子拿着有一定弹性、比较长的绳子玩耍时，有可能会不小心缠住自己的脖子。

离开他（她）的那短短的1～2秒钟之间。所以，无论时间多么短，绝对不要独自留下孩子一个人。即使把2岁的孩子交给哥哥姐姐，也是很难让人放心的。出现一些突发状况的时候，大一些的孩子很难镇定地处理问题。

不同场所的安全事故预防措施

婴儿床 不要让床的侧面与墙面夹到孩子的头。床上要安放床垫，被褥不要太厚，也不要把尿布或被子放在孩子的头下面。否则，当孩子翻身的时候，有可能会造成窒息。冬天最好不要给孩子使用电热毯，除了电磁辐射的顾虑外，电热毯还可能引起火灾。

浴室 让这个时期的孩子使用大人的浴缸为时尚早。无论是多浅的水，都有可能让孩子摔倒。在浴室里，一定要铺上防滑垫。在给孩子洗澡的过程中，一定不要为了接电话而把孩子独自留在浴室里。如果一定要接电话，必须带着孩子一起出去。虽然这样做打扫起来比较麻烦，但能保证孩子不出现溺水的情况。

厨房 一定要把煤气炉上的炒锅或热水壶的把手转到里边，不要让孩子碰到。也不要让桌布垂下来太长，以免被孩子拉扯下来。餐桌底下通常都是孩子喜欢的小乐园，要在椅子角上贴上保护条或包上布。

客厅 摆放沙发、书柜、冰箱等物品的时候，不要让这些东西与墙之间留有太大的空间。如果一定要留出空间，也要用椅子背挡上，以免孩子钻进去。即使是很小的一个空当，孩子也有可能挤进去。还要把容易打碎的玻璃杯收起来，并锁好抽屉，防止孩子拉开。

公园 最经常发生的情况就是孩子爬到高处掉下来，或挖沙子的时候吞下异物。当孩子往高处爬的时候，妈妈最好一直待在孩子的身边，以便可以随时扶住他（她）。

当孩子吞下异物以后

这个时期的孩子，无论拿到什么东西都会放进嘴里，这是孩子探索世界的一种方式。被孩子吞咽下去的物品中，有80%～90%会经过消化器官排出体外，不会引起什么问题。但是，这并不代表所有的东西都是安全的。有许多东西须要特别注意，例如圆形的纽扣电池，虽然纽扣电池比较小，可以很容易通过嗓子，但是在它通过消化道的时候，却有可能停留在某个地方，几个小时以后，就可能在消化道上磨出一个洞。如果孩子吞下了电池，必须要马上带孩子去看急诊。平时扔电池的时候，要防止孩子从垃圾桶里把电池捡回来。

如果妈妈没有来得及阻止孩子已经吞下了异物，要马上采取行动。这时，可以先给医生打电话咨询一下。通常来说，24小时或48小时以内，异物都会排泄出来，医生会要求父母仔细观察孩子的排泄物。如果异物没有排出，或孩子出现呕吐或腹痛症状，要立刻去看急诊。如果孩子唾液增多，同时嗓子里发出“咯咯”的声音，并且伴有腹痛，也要马上去看急诊。如果孩子出现发热、咳嗽、嗓子与鼻子分泌出大量黏液，有可能是吞咽下的异物导致呼吸器官出现了炎症。这时候，不要强行给孩子吃喝任何东西，也尽量不要把手指伸进孩子的嗓子，或用手按摩孩子的脖子，因为这些举动有可能让异物进入到更深的地方。

如果孩子吞下了苯、稀料、汽油或者洗涤剂，则不能耽搁，要马上带孩子前往医院。在吃下这些毒性物质以后，孩子很少能自行吐出来。而且，这些东西会伤害到食道。作为应急处理，可以让孩子喝一点水或牛奶，这样可以阻止身体吸收毒性物质。如果吞下了卫生球（萘），让孩子喝一点水，但不要喝牛奶，因为牛奶和卫生球会在胃里引起化学反应。

Tips 孩子可能会吞下的东西

所有又小又硬的物品 花生、围棋棋子、硬币、纽扣等，都是不能给孩子玩的。这些东西一旦被孩子吞下去，就有可能会堵住气管。除此以外，还要注意爆米花、硬糖以及大块的食物、葡萄、热狗、没煮熟的胡萝卜块，这些食物都要切成可以一口吃下的小块后再给孩子吃。

美术工具 蜡笔、塑料珠子等美术用品都是孩子很喜欢的东西。好在这些东西大部分都是无毒的，而且体积比较小，咽下后通常可以随粪便顺利排出体外。

宝石类 孩子都非常喜欢宝石类的首饰，有时会把妈妈耳环或项链上的装饰扯下来，然后放进嘴里。

金属碎片 很多礼物或生日卡上会粘贴一些会发光的小金属片，在小孩子眼里，那是美丽的糖果。如果孩子流口水，或发出“咯咯”的声音，就有可能是金属片附着在孩子食道的表面。

缝衣针 一定要把缝衣针放在孩子绝对接触不到的地方。

38 调节父母的愤怒情绪

作为年轻的爸爸妈妈，有时难免会觉得养育孩子是件很辛苦的事。每当这个时候，爸爸妈妈可能会莫名其妙地发脾气或心情沮丧。那么，该用什么方法来稳定情绪，让自己怀着一种平和的心态去对待孩子呢？

妈妈生气对孩子的影响

有谁不想成为一个和蔼可亲的妈妈呢？可是，在现实生活中，如果遇到一个古灵精怪又调皮的孩子，恐怕妈妈每天都要喊叫上几次，怒火压也压不住。当妈妈发脾气的时候，孩子所受到的影响要比想象中大得多。任何人在忧伤、不安或发怒的情况下，呈现给对方的都会是一种神经质、冷淡或充满攻击的态度。妈妈也同样会呈现给孩子这样一种态度，这对孩子的情感发育会产生负面影响。简单地说，当孩子感情上不愉快，不幸的感受超出了幸福与愉快的时候，孩子就会产生一种“这个世界真糟糕，很没意思”的感觉。

另外，当妈妈在孩子面前大发雷霆、声嘶力竭的时候，孩子就会产生这样的感觉，“妈妈已经不爱我了”“我是个坏孩子”。这种感觉对孩子造成的伤害会影响深远，甚至会成为孩子人生道路上的巨大障碍。

如果对孩子发了脾气，一定要道歉

其实，“愤怒”是人类的一种基本情感，是任何人都摆脱不了的。很多妈妈在对孩子大发脾气，严厉地训斥了孩子以后，都会立刻产生一种自责和不安，并且会非常后悔那样做。其实，妈妈也是人，有时候也会无法控制自己的情绪。只不过，妈妈觉得自己情绪不稳定的时候不应该去训斥孩子。即使孩子真犯了错，妈妈最好能稍晚些再纠正他（她）。很多时候，情感都是瞬间爆发，然后就会稳定下来。

不过，就算已经对孩子发了脾气，也不必过分自责，觉得“自己是个坏妈妈”。既然已经对孩子造成了心理伤害，现在要做的就是跟孩子道歉。道歉的作用，就如同是修理坏掉的机器或缝好扯破的衣服。如果不道歉，让事情就这样过去，孩子受到的伤害就会永远留在心里。从妈妈的角度来说，当然要把那些负面的问题最小化，才能让孩子充满自信，并怀着愉快的心情在成长道路上继续走下去。

妈妈的情绪调节方法

第一，抛弃完美主义的育儿态度 有些妈妈，当孩子没有按照自己的希望成长的时候，就会很生气。当孩子或自己

无论多么生气也绝不能说的话

“你再哭，警察叔叔就把你抓走” 这种不可能实现的威胁，只是在教孩子说谎。

“你也就这点本事吧”“早就知道你不行” 在只会讥讽嘲笑的妈妈面前，孩子会失去对这个世界的信心。

“你这个坏东西”“你是傻子呀？” 已经被妈妈判定为“傻瓜”“坏东西”的孩子，自己会真的那样想。

“都是因为你，我才过不好” 毫无疑问，养育孩子是父母必须承担的责任。不要把妈妈的人生不如意扯到孩子身上。

Tips 妈妈的育儿方式有问题会导致孩子的行为有问题

孩子有时会做出一些有问题的行为，其实这是有原因的。妈妈的教育方式，会对孩子产生关键的影响。

溺爱型妈妈 非常疼爱孩子，对孩子的任何要求都完全满足，从来不打骂孩子。在这样的环境中长大的孩子，多数比较自私，做事的时候只想到自己。这样的孩子走出家庭以后，常常会表现得很消极，上幼儿园或是上学，孩子可能会很难适应集体生活。

要求型妈妈 妈妈拥有绝对的权威，对孩子的任何行动都要干涉。无论什么事，孩子都必须按照妈妈的吩咐去做，属于“独裁者式”的妈妈。这种环境中成长的孩子，表面上看，似乎非常老实听话，对父母唯命是从，但其实内心却有着强烈的抗拒情绪。一旦脱离了妈妈的“牢笼”，孩子就会完全变成另一个人。

放任型妈妈 这类妈妈对孩子似乎没有太多的热情和关心。因为缺乏父母的关怀，很容易让孩子产生不安情绪，表现得很忧郁或很暴力。

包办型妈妈 这类妈妈对孩子的爱已经达到了过分的程度，她会干涉并且包办所有与孩子有关的事情，即使这些事情是应该由孩子独立完成的。这样做的结果，就是让孩子成为一个无法依靠自己力量生活的人。

没达到期望值时，有些妈妈就会产生挫败感，从而对自己和孩子大发脾气。因此，最好降低那些过高的期望。要知道，其实最重要的事情就是妈妈和孩子可以健康、快乐地度过每一天。孩子或许可以没有名牌衣服和昂贵的玩具，但是，一个快乐的妈妈可以成为孩子最棒的礼物。

第二，减少夫妻之间的摩擦 妈妈的怒火，有很大一部分是来自于丈夫。不帮助自己照顾孩子，不关心自己，都是让妈妈心情不佳的诱因。因此，要积极地去努力改善与丈夫的关系。

第三，解决自己的心理问题 有些妈妈会有这样的想法：孩子打乱了甚至毁掉了自己的人生。我们也会常常看到这种情况：专职主妇羡慕职业妈妈拥有自己的事业，职业妈妈又羡慕专职主妇能生活得清闲自在。在生活中，每个人都应该学会适应自己的环境，并从中寻找到幸福。其实，孩子到了5岁以后，独立性会大大增强。到那时候，妈妈依然可以好好规划自己的人生，不会因为孩子失去一切。

第四，接受自己的孩子 如果总是把自家调皮的孩子与邻居家温顺的孩子做比较，让妈妈发火的事情就会越来越多。所有的孩子都有属于自己的特质，无论喜欢也好，不喜欢也好，那是自己的孩子，一定要肯定并接受他（她）。

减轻怒火的方法

第一，记录心情日记 可以从各个角度观察自己每天的心情状态，并记录下来。例如一天发了几次脾气，主要是发生在什么情况下，以及发生的时间等。记录一个月以后，这些数据就会变成自己的样子，展现在面前。如此一来，就可以冷静、客观地思考一下问题的解决办法了。如果每次发脾气都是在特定的情况下，就要努力地去减少这种特定情况的发生。

第二，想生气的时候先忍耐片刻 在感觉怒火上升的时候，可以在心里对自己喊一声“STOP（停止）！”也可以像自言自语那样，轻声地对自己说出这个词，然后静止几秒，你会感觉到刚才升腾起来的怒火似乎平静了一些。还可以慢慢做深呼吸。如果依然很想发脾气，可以先离开这个地点或场合。比如出去走一走，或到别的房间待一会儿。一定要明确，“怒火”只是临时性的爆发，不会一直持续。因此，可以先做点别的事来打发时间，一直等到怒火平息下来。

第三，拥有自己的空间 平时经常发脾气的人，很需要能够审视自我的空间。找一些能让自己感觉愉快的活动，每天给自己安排一段能够独处的时间。思考、写日记、看电视、读书、听音乐……做一些自己喜欢的事。可能的话，每周请保姆来照看孩子两个小时，妈妈可以利用这段时间充充电，让精神和身体都得到完全放松。

第四，想说就说 依靠自己的力量来获得心情的平静是非常重要的，不过，有些时候，光靠自己是不够的。内心积聚的愤怒和不满必须要通过发泄才能疏解。此时，最理想的谈话对象当然是自己的丈夫。不过，跟丈夫聊天可能会让很多妻子更加生气。这时候，最好还是找邻居、姐妹、朋友倾诉一番。跟他们发过牢骚以后，心里一定会感觉轻松不少。

CURLY SUE

39

当父母在孩子面前吵架的时候

父母吵架会让孩子陷入恐惧

几天前，金智秀与喝醉酒很晚才回家的丈夫爆发了一场“大战”。其实，醉酒晚归只是一个引子，平时不照顾孩子，每天就是看电视、玩电脑……丈夫的这些行为已经在金智秀心中积累了很多不满。开始，两个人只是争吵，但嗓门儿越来越高，后来就摔东西了。就在两人闹得不可开交的时候，忽然听到孩子的哭声，两人这才看到孩子正站在门口“呜呜”大哭。于是，两人停止争吵，去哄孩子。孩子却一直哭，无法入睡，一边哭还一边说，“爸爸妈妈不要打架——，不要打架——”。尽管这件事过去很长时间，但孩子还是经常突然发脾气。虽然金智秀也深感抱歉而更加悉心地照料孩子，可孩子还是用了很长时间才恢复到以前的状态。

为什么不要让孩子看到父母吵架

父母的争吵对孩子造成的冲击，可能会比父母想象得更严重。看到父母情绪激动，大吵大闹，孩子会不知所措，以为发生了什么大事，陷入恐慌之中。有的孩子还会认为，是不是因为自己做错了什么，爸爸妈妈才会发这么大的脾气。

听到爸爸妈妈发出神经质、充满敌对性的高声喊叫，孩子会表现出典型的“不安”与“恐惧”反应。这种反应可能会表现为身体上的变化，特别是交感神经系统亢奋、心跳加速、呼吸急促、出冷汗、肌肉紧张等。孩子表现出这样的身体反应，与我们看恐怖电影时身体的反应类似。看恐怖电影的时候，我们会因为经常想起那些可怕的场面而冒冷汗，即使在没有发生任何事的情况下，也会突然受到惊吓。对孩子来说，父母的激烈争吵，可能比任何一部恐怖电影更可怕。看到过一两次父母吵架的孩子，在之后的一段时间，哪怕是听到父母高声说话，也会受惊、恐惧。虽然父母并不是在吵架，但孩子很难分辨出吵架时高声说话与平时的高声说话有什么区别。“一朝被蛇咬，十年怕井绳”，以后电视里出现较大的声音或打架的场面，都会让孩子非常紧张。最后，可能会使孩子形成胆小、怕生的性格。

父母经常吵架会让孩子产生暴力倾向

不应让孩子看到父母吵架的另一个原因，是因为孩子长大以后可能也会采用爸爸妈妈这样的“吵架”方式去解决问题。孩子会模仿父母的一切，与语言相比，更可怕的则是父母的行为。如果孩子比较大，平时经常看到父母吵架，他（她）就可能会把父母的摩擦再现到朋友关系、兄弟关系，甚至是与爸爸妈妈的关系中。

这些问题行为，可能会蔓延到孩子与朋友以及同学的关系上。孩子长大成人以后，可能还依然采取这种方式来处理更多的关系。最终，孩子的人生会越来越不幸。因此，绝对不要在孩子面前争吵，甚至打架。夫妻之间的矛盾应该在两个人之间解决。这样做，既是为了父母自己，又是为了孩子。

Tips 如果一定要吵架

尽量在孩子看不到的地方吵 不要在孩子在场的时候吵架。没有必要现在就让孩子看恐怖电影。

吵完架，至少过30分钟后再去面对孩子 刚刚吵完架的时候，最好不要马上去看孩子，至少过30分钟，等心情平静下来以后再去。否则的话，难免会带着情绪跟孩子说话。要知道，孩子并不是父母的出气筒。

如果让孩子看到了吵架的场面，要立刻去哄劝 孩子看到爸爸妈妈争吵的时候，即使没有哭，也会表现出恐惧的样子。这时候，父母应该马上停止争吵，快去哄劝孩子，告诉孩子，“宝宝是不是害怕了？爸爸妈妈没有吵架，只是说话声音大了点儿。”

爸爸的故事为他插上想象翅膀的“世界童话大王”——安徒生

在养育孩子的过程中，需要做的事情很多很多：要照顾孩子的生活，送孩子去补习班，还要不停地为孩子买各种玩具和书籍……这些事，都会让钱包越来越瘪。有些父母甚至会因为自己没有更多的钱，没有更强的能力感到对不起孩子。

《丑小鸭》、《人鱼公主》、《卖火柴的小女孩》……这些美丽的童话受到了无数小朋友的喜爱，它们的作者就是汉斯·克里斯蒂安·安徒生。安徒生出生在丹麦，是一个贫穷的修鞋匠的儿子。安徒生童年的生活非常困苦，有时甚至连饭都吃不上，但是安徒生的父亲经常给他讲故事。这些美好的故事，在寒冷的世界中温暖着安徒生的心。“我们家虽然没有书，但是爸爸的肚子里有很多有趣的故事，你想听吗？”“当然了，爸爸。”爸爸会把自己编的故事制作成木偶剧，表演给安徒生和妈妈看。这些有趣的木偶剧让安徒生从小就具有丰富的想象力。

后来，安徒生一度想成为一个戏剧演员。不过，因为他的嗓音沙哑，这使得成为戏剧演员变成了一个无法实现的梦想。但安徒生并没有被挫折打倒，从此开始了写作生涯。父亲给的想象力成了安徒生一生最重要的财富。

不要总是自责无法在物质上给予孩子更多，对孩子来说，爸爸妈妈讲的精彩故事同样是最棒的教材。

译注：汉斯·克里斯蒂安·安徒生（1805—1875），丹麦作家、诗人，因写童话故事而闻名于世，被誉为“世界童话大王”。其代表作有《卖火柴的小女孩》、《丑小鸭》、《拇指姑娘》等。安徒生一生共写作168篇童话和故事，其作品被译为150多种语言。

Part

06

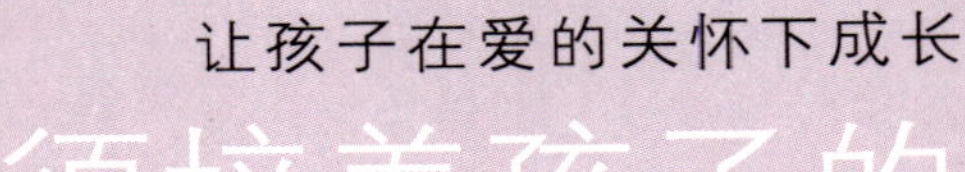

让孩子在爱的关怀下成长

必须培养孩子的社交能力

40 经常进行户外活动

“噢——走呀！” “去公园喽！”

每个孩子都向往着外面更大的世界，每天睁开眼睛就想要出去玩。如果不是要吃饭、睡觉，可能孩子连家门都不想进。现在，终于可以行走自如，可以依靠自己的力量，随意走到任何地方了。对这个时期的孩子来说，最棒的玩耍地点就是公园。没有人喜欢被限制在一个狭小的空间里。公园既宽敞，又可以看到很多新鲜的东西，孩子当然非常喜爱那里。而且，增加户外活动，无论是对孩子的精神，还是身体，都是大有好处的。

在户外，孩子还可以展开各种活动，内容要远比在家里丰富得多。在公园的沙地上浇水，然后把沙子做成各种形状。还能做什么呢？尽情奔跑、爬台阶，尽情蹦跳、滑滑梯、荡秋千……还可以顺便跟妈妈去市场，那里也同样是个神奇的地方：各种新鲜的蔬菜水果、各式各样的招牌，都会让孩子目不暇接。

虽然孩子玩过沙子以后衣服会很脏，要马上洗干净；虽然带孩子去市场，妈妈既要买东西，又要照顾孩子，会感觉很辛苦，可是，父母却不该因此不这样做。对于13～24个月的孩子来说，没有比户外活动更好的玩乐与教育了。

41

妈妈不在身边就哭，怎么办

从出生7个月开始，一直到2周岁，怕生都是孩子与妈妈形成亲密关系的一个标志。不过，2岁的孩子已经不会再时刻依偎在妈妈怀里了，但怕生依旧存在。只有帮孩子顺利渡过了怕生的阶段，才能真正培养孩子的社会性。

秀斌（14个月）只要一刻看不到妈妈，就会哭得上气不接下气。这时候，即使爸爸过来抱，也毫无作用，秀斌会一直哭着喊“我要妈妈”。因为秀斌总这样，妈妈甚至连卫生间都不能想去就去。面对一会儿都和妈妈分不开的秀斌，到底应该怎么办才好呢?

怕生是正常发育的信号

有些孩子，只要妈妈一抱，就会咧嘴微笑，只要看到陌生人，就会立刻哭出声来，这种现象就叫做“怕生”。怕生一般是从孩子出生7～8个月的时候开始的。到了这个时期，孩子有了一定的记忆力，已经可以把妈妈与身边其他人的面孔区分开了，也就开始会怕生了。看到陌生的面孔以后，孩子会因为害怕而啼哭。越是经常和妈妈两个人在一起的孩子，怕生的情况会越严重。怕生，是孩子开始了解自己与其他人关系的信号。这也证明，孩子已经与妈妈或其他养育人建立了一种亲密的关系，是发育正常的一种表现。怕生一般从7～8个月开始，会在14～15个月的时候达到顶峰，满2岁以后会逐渐消失。

不能忍受与妈妈的片刻分离

严重怕生的孩子，还会表现出“分离焦虑”的症状。即使和妈妈很短时间的分离，孩子也不能忍受，这就是“分离焦虑”。严重的时候，哪怕妈妈只是去卫生间，孩子也会哭，一定要带他（她）一起去，或开着门才可以。如果妈妈要上班，每天早上出门，可能都会和孩子经过一场“斗争”。

这个时期的孩子，只有在和已经建立了亲密关系的第一养育者在一起的时候，才能感受到完全的安全，所以孩子一刻也不愿离开妈妈。只要妈妈从眼前消失，孩子就会哭闹。这说明，孩子已经可以记得与妈妈在一起时的美好感觉，但是还不具备预测未来的认知能力，无法确定妈妈是否会回来，因此在和妈妈分离时就会感到非常不安。

如果孩子一直不能忍受与妈妈的短暂分离，表明孩子与妈妈之间还没有形成可以信赖的亲密关系。站在孩子的立场上，他（她）还无法相信妈妈离开后还会回来。所以，虽然妈妈只是暂时从眼前消失，孩子也会极度紧张。像这样因为无法与妈妈建立亲密关系而出现分离不安的孩子，在成长过程中，与其他人建立关系也会受到负面的影响。

帮助孩子克服怕生

虽然怕生的情况会随着孩子的成长慢慢消失，不过有些孩子会过分依恋妈妈。遇到这种情况，妈妈就要采取一些其他的方法，帮助孩子接受与妈妈分别的现实。

通过游戏治疗孩子的分离不安

如果孩子一刻也离不开妈妈，可以慢慢教他（她）自己玩。比如说，一起看图画书的时候，可以这样问孩子，“妈妈去准备点心，你一个人看一会儿，好吗？”制造一个妈妈离开，孩子自己玩的状况。开始的时候，孩子可能会因为不愿意妈妈离开而吵闹，这时候妈妈可以告诉他（她），只要独自待很短的时间就可以了。最初是1分钟，然后是5分钟，接着是10分钟……这样，慢慢增加孩子独处的时间。

明确告诉孩子分离的原因　妈妈要上班或出门的时候，可以详细地跟孩子说明理由。最好不要对孩子说谎或偷偷溜走。如果反复发生这种情况，孩子就会越来越不信任妈妈，不安情绪会更严重。虽然孩子还很小，但是妈妈也要认真地告诉孩子妈妈留下他（她）一个人的理由以及实际的情况，并和孩子约好回来的时间。其实，孩子是在担心妈妈离开自己不回来，所以一定要让孩子明确，虽然妈妈暂时走开了，但是一定会回来，让孩子安心。

不要随便把孩子交给陌生人　因为想让孩子不再怕生，就把孩子交给陌生人，反而会使问题更加严重。当有陌生人夸奖孩子漂亮，要求抱一抱他（她）的时候，虽然孩子因为怕生而哭闹，可妈妈却毫不在意地强行把孩子交给别人。这种行为尽量避免。因为此时孩子还没有做好与陌生人接触的准备，这样做会让孩子产生强烈的恐惧感。当着孩子面的时候，最好不要和别人说“我的孩子特别怕生”这样的话。

增加孩子与不熟悉的亲戚相处的时间　增加和陌生人接触的机会，当然会减轻孩子的怕生情况。如果孩子非常怕生，与完全不认识的人相比，让孩子多和不太熟悉的家里人在一起更好。比如让孩子经常和平时不太熟悉的亲戚在一起，慢慢地，孩子怕生的情况会越来越轻。

给孩子更多的爱　与妈妈顺利形成亲密关系以后，再与妈妈分开，接触到其他人，孩子就不会表现得那么不安了。这是因为，当孩子需要的时候，妈妈一定会出现在孩子身边。让孩子可以充分跟妈妈撒娇、亲昵是减少孩子怕生的一个好办法。怕生严重的孩子，与其强迫他（她）出去接触陌生人，不如让他（她）待在家这个感觉安全的地方。这样孩子可以充分感受妈妈的爱。

不要对孩子大声说话　有些第一次看到孩子的人，会大声地说话或是紧紧地抱着孩子，这些突然的举动，都有可能

吓到孩子。如果孩子哭闹，表示出不喜欢，最好让孩子回到妈妈的怀抱里。

放任型妈妈制造的不安情绪

自律和放任是两个完全不同的概念。有些妈妈为了培养孩子的自律性，就对孩子放任不管。其实，这样很容易造成孩子出现不安和情绪障碍。孩子会感觉被冷落了，为引起妈妈的注意，他（她）会变得更不听话，甚至出现分离障碍。所以，在孩子满2岁之前，妈妈还是应该给予孩子足够的关心和呵护。从5岁开始，再慢慢培养孩子的独立性。

有些妈妈觉得，“小时候从来没有扔下孩子一个人，也没有送过儿童之家，为什么孩子还会这样呢？”其实，并不是说妈妈待在旁边，孩子就会无条件地信任妈妈。更重要的是，妈妈与孩子“共度”的时间有多少。虽然待在孩子身边，却总是用厌恶的眼光看孩子，这样的妈妈是不会得到信任的。只有经常与孩子交流，陪孩子玩，抱他（她），才能和孩子形成亲密的关系。父母与孩子之间只有形成了一种健康、稳定的亲密关系，孩子才不会因为妈妈的离开而慌乱不已。

42

怎样对待易怒的孩子

有些孩子发脾气的时候，会突然躺倒在地，甚至哭得背过气去。这是孩子在无法正确表现自己的怒火时爆发的“愤怒惊厥”。下面我们就来看看出现这种情况的原因以及处理方法。

为什么会出现“愤怒惊厥”

孩子扔掉手里的玩具，大声哭闹，谁的话也听不进去，甚至连他（她）自己也不清楚到底发生了什么事。有那么几秒时间，孩子甚至出现呼吸暂停、脸色发紫的情况，等高潮过去以后，又慢慢恢复常态。

医生把孩子的这种行为叫做“愤怒惊厥”，多数情况是由于过度兴奋而引起的心脏搏动暂停，一般出现在精神受到刺激，或要求得不到满足的时候。“愤怒惊厥”的表现形式包括剧烈叫喊、撞头、呼吸暂停、四肢抽搐等。这个时期的孩子，思维能力还没有发育完全，还无法理解为什么自己的意愿得不到满足，遇到挫折的时候，不会调节情绪。

当孩子发生“愤怒惊厥”的时候

当看到孩子出现这种情况的时候，父母千万不要过分慌张。有些父母可能会和孩子一起发脾气，甚至打骂孩子，还有些父母因为害怕出现更严重的状态，就无条件地满足孩子。那么，父母这时候到底应该怎样做呢？

首先，父母必须了解，这种情况发生在这个年龄段的孩子身上，是非常正常的。当然，并不是所有的孩子都会这样。不过，如果人一生中只发生一次“愤怒惊厥”，那一定是在18～30个月期间。由此可以知道，在这个时期，孩子

Tips 把暴躁孩子送到亲子园

如果孩子本身脾气就比较暴躁，经常出现“愤怒惊厥”，可以把他（她）送到亲子园试试看。在那里，孩子可以学习如何与其他小朋友相处，还可以在老师的帮助下，学会控制自己的行为。不过，最好在孩子快2岁的时候再考虑送去亲子园的事。

的执拗有多么严重。

即使发生“愤怒惊厥”，也不应无条件地满足孩子的一切要求 如果经常采取让步的态度，反而会让孩子的这种行为成为一种习惯。孩子会认为只要发脾气，哭得停止呼吸，妈妈就会答应一切要求。

最好的办法就是置之不理 要让孩子知道，并不是所有的事都要符合他（她）的意愿。而且，就算他（她）要求的东西没有得到，也没有什么大不了。

干脆起身离开 如果没有观众，演员也就会失去继续演下去的动力了。这样做，可能会减少孩子的这种激烈行为。如果孩子发很大的脾气，情绪特别激动，甚至用头狠狠地撞墙，要紧紧抓住孩子的身体，让他（她）动弹不得，并且要盯着孩子的眼睛，坚决地告诉他（她），“不可以这样做”。大部分“愤怒惊厥”都不会伤害到孩子的身体。这个时期的孩子已经大致可以听懂大人的话了，必须要不断告诉他（她），这样做是不对的。

最糟糕的方式是，担心孩子哭得太久脾气会变得更坏，虽然起初不理会，但最终还是满足了孩子的要求 妈妈变化无常的态度会让孩子感觉混乱，孩子以后不但不会听妈妈的话，“愤怒惊厥”发作的时间还会延长。只要下定了决心，就要将一种态度坚持到底。

另外，当孩子出现“愤怒惊厥”的时候，妈妈可以想象自己年轻时失恋后的感觉。这样，或许可以更加理解孩子。经常出现这种情况的孩子，有些是因为天性比较敏感、易怒，更多的是在模仿妈妈生气时的样子。

43 怎样对待不喜欢和小朋友一起玩的孩子

满周岁以后的孩子，已经可以明白，跟自己一起玩的小朋友和布娃娃是不一样的。虽然这个时期的孩子会怕生，对陌生人会表现出强烈的戒备心。但是，当遇到和自己同龄的陌生小朋友时，孩子那种见到成年人时的戒备心就会马上消失，而且不会有任何恐惧感。这也表明，和前一个阶段相比，孩子的社会性已经有了进一步的发展。

但是，这个时期的孩子还不懂得关心小朋友。对孩子来说，最亲密的人依然是妈妈，然后是爸爸。孩子还不知道，在这个世界上，除了爸爸妈妈，也可以和其他人亲密相处。

这个时期，即使两个孩子见了面在一起玩，也很少玩那种需要相互合作的游戏。更多的时候，他们是在同一个空间里，各玩各的。这个阶段，孩子还是会以自我为中心，还无法站在朋友的立场去思考问题。即使让他们在一起玩，他们也不会去共享一个有趣的玩具，并在这个过程中，感受到友谊的快乐。因此，在这个时期，孩子不愿意和其他小朋友一起玩，是很正常的情况。

虽然是这样，也还是应该多给孩子创造与朋友相处的机会。因为很快，交朋友就会成为孩子一个重要的发育课题，现在可以提前做做准备。

有些孩子可能会畏首畏尾，完全不敢和周围的小朋友接触。这时候，爸爸妈妈最好能陪孩子们一起玩，任何游戏都可以，只要孩子喜欢。开始的时候，可能孩子玩不好，这时候，父母一定要发挥重要的桥梁作用。

Tips 可以培养社会性的玩具

对于这个时期的孩子，显然不能奢望他（她）去关心别人。不过，有些玩具却可以帮助孩子进行这方面的学习。有些玩具，在遵守顺序和规则，大家轮流玩的时候会更有意思。如果给孩子这样的玩具，孩子自然会学会等待，学会考虑别人的感受。

44 怎样对待胆小的孩子

有些孩子表现得非常胆小，动不动就会受到惊吓。进入黑暗的房间，甚至看到络腮胡子的中年男子，都会被吓得哭起来。孩子为什么胆小，父母又应该怎么办呢？

孩子为什么会感到害怕

有时候，面对一些大人害怕的东西，孩子会毫不犹豫地走过去。就算在周岁的孩子面前放上一条毒蛇，可能他（她）也会想都不想地过去摸一摸。这个阶段，孩子还不知道蛇到底是什么，也不会明白它会给自己带来什么样的危险，所以孩子就会全无畏惧。恐惧和害怕，是在发生了事情以后，预知会感到痛苦时产生的一种感情。随着孩子逐渐长大，对世界的了解越来越多，才会出现害怕和恐惧。不过，孩子也有本能害怕的事情，那就是与妈妈的分离。对孩子来说，妈妈就是生存的根本，如果没有了妈妈，孩子会饭也不想吃，因为他（她）不知道该依靠谁。13～24个月的孩子，会表现出极度的分离不安情绪。这个阶段的孩子害怕陌生人或是不熟悉的状况，都属于分离不安的一种表现。让这个时期孩子害怕的另一个原因，就是强烈的感情变化。在这个时期，孩子会带着全部的情感去探索世界，在接近陌生的环境或人的时候，他（她）会非常小心。遇到充满暴力的陌生状况，严重的碰撞事件时，孩子就会变得特别胆怯。

孩子害怕什么

这个时期的孩子不喜欢去医院，害怕动物，不愿意洗澡，尤其害怕去陌生的地方或是黑暗的地方。孩子有时会特别胆小、特别敏感，有时会出现强烈的情感变化。

Tips 当孩子害怕的时候，妈妈应该这样做

1 紧紧抱着孩子，抚摸他（她）的身体，让孩子的情绪稳定下来。与妈妈的身体接触，是让孩子平静下来的最好方法。

2 不要对孩子说，“怕什么！”“没什么好怕的！”“我的宝贝最勇敢！”……孩子这时候正怕得要死，妈妈的这种话，不会有任何的帮助。

3 为孩子解释他（她）所害怕的东西（医院、电闪雷鸣等），要让孩子明白，那其实并不可怕。当孩子害怕闪电的时候，可以抱紧他（她），然后慢慢带他（她）到窗边，让他（她）直接看到闪电。这样会减少孩子的恐惧。

4 当孩子独自去理解并接受身边的状况或场面的时候，不要强迫或吓唬他（她）。在孩子完全接受之前，可能还会和以前一样，不敢走过去。其实，恐惧是会随着时间逐渐消失的，等待也是一种方法。

害怕去医院 孩子第一次对医院的恐惧，其实是对陌生人的恐惧。孩子到15个月以后，则是因为能够保存打针的记忆，所以到医院会害怕地哭。这时候，责怪或打骂孩子，是不会有任何作用的。即使医生给糖果，孩子也不会吃。对于害怕去医院的孩子，平时或在去医院之前，可以扮演成医生，跟他（她）玩游戏。也可以在去医院的时候，让孩子带上一个娃娃，让医生先给娃娃治疗。这样会缓解孩子的紧张情绪。最好不要吓唬孩子，比如不打针屁股就会疼什么的。

害怕洗澡 孩子害怕或不喜欢洗澡，是因为洗澡要停止其他的事情，或曾经在洗澡的时候有东西进过他（她）的眼睛或鼻子里。消除孩子对洗澡恐惧的最佳方法，就是妈妈和孩子在一个大浴缸里一起洗澡。如果没有这样的条件，要尽量消除让孩子感到害怕的因素。比如在浴室铺上防滑垫，不要让孩子滑倒；洗头的时候，不要让水或泡沫进到孩子眼睛或耳朵里。如果孩子不喜欢脱光衣服洗澡，可以先洗上身，然后穿上上衣再洗下身。如果这些方法都没有作用，可以适当减少孩子洗澡的次数。

害怕动物 有的孩子很喜欢动物，但是有的孩子却看到动物就害怕，甚至哭起来。孩子害怕动物，是因为有些动物经常发出很大的叫声，或突然跑过来。这些都会吓到孩子。有些孩子是因为曾被小动物咬过，再看到那种动物时会恐惧。要让孩子明白，接近动物是安全的，孩子就不会再逃避动物了。妈妈可以先接近动物，轻轻抚摸它，然后孩子就会慢慢走过去。在有小动物的地方，不要让孩子喝牛奶。动物会有一种本能的行动，看到牛奶后，可能会做出一些意想不到的事情。

害怕黑暗 害怕黑暗，因为突然被吵醒的感觉是让人不愉快的。窗户“哐当、哐当”的响声、时钟“嘀嗒、嘀嗒”的声音、动物叫的声音、打雷的声音等把孩子吵醒以后，孩子在黑暗中无法了解周围的状况，恐惧就会袭上心头。有过一次这样的感觉以后，即使白天，孩子也会害怕黑暗的环境。就算是白天，如果关上灯，房间里暗下来的时候，孩子也不敢进去。

这时候，应该让孩子在一个安静的环境中睡觉。如果在比较兴奋的状态下入睡，孩子就很容易醒来，然后更加害怕黑暗，形成恶性循环。在孩子的房间里，关掉大灯，可以打开睡眠灯。由于睡眠灯的灯光微弱，不会影响到睡眠质量。这样，孩子突然醒来，也可以看到房间里的情况，不至于害怕。如果让孩子单独睡一个房间，妈妈一定要等到孩子睡着后再离开。如果孩子醒了，妈妈要马上跑过来，抱起孩子轻声抚慰。

害怕陌生的状况　这个时期的孩子，通常都会害怕黑暗、雷声、闪电等。如果孩子对于陌生的状况表现得过度敏感的话，妈妈就要思考一下，是否曾在不经意间让孩子接触过暴力场面，或孩子受到过严重的惊吓。这些往往会导致孩子害怕陌生的东西。为了消除孩子的恐惧，当孩子接触新事物的时候，妈妈最好能陪在身边。

45

怎样对待固执的孩子

有些孩子会在日常生活中表现得特别固执，无论什么事情，只要不按照他（她）的意愿去做，就会大哭大闹，特别是在商店或餐厅这类公共场所，稍不满意就发脾气。这常常让爸爸妈妈感到难堪，又毫无办法。遇到这种情况的时候，父母到底该怎么办才好呢？

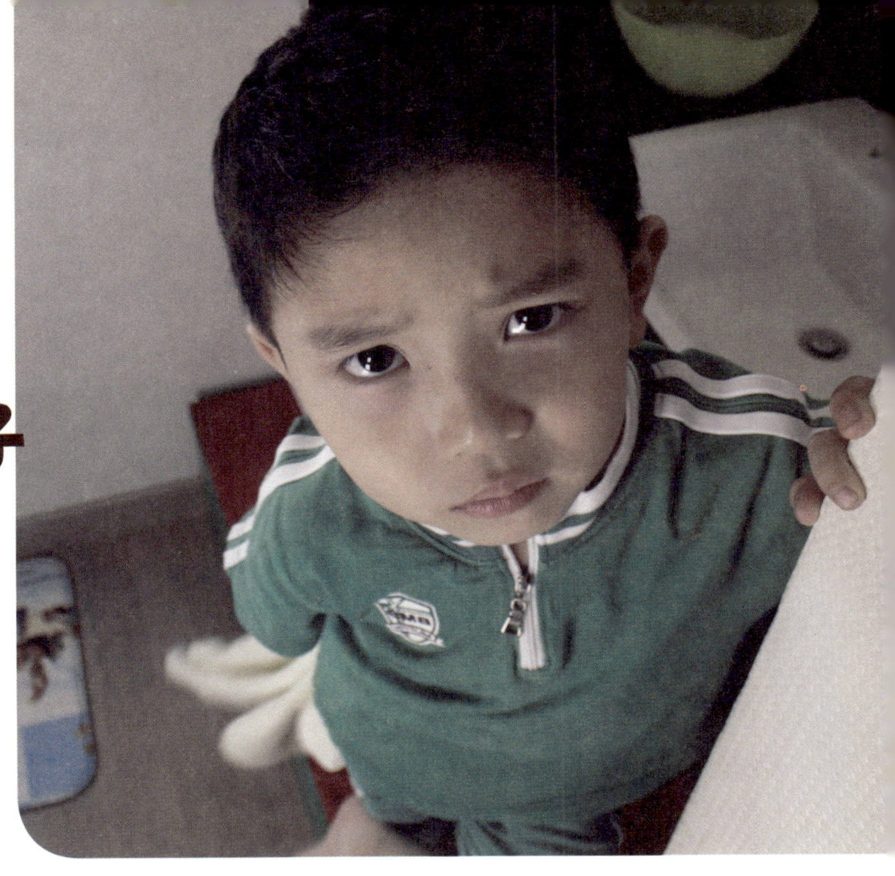

原来那个每天带着笑容，快乐得像个天使一样的孩子，在过了周岁以后，却表现得固执、不讨人喜欢起来。对于妈妈的话，孩子开始有自己的主张，会坚决地说“不要”。于是，妈妈开始担心，对什么事都说“不要”的孩子，是不是性格上存在问题呢？其实，这个时期的孩子，自我意识正急速发展。从妈妈的角度说，对于固执的孩子会感到很头疼。可作为孩子，这却是成长过程中的必经阶段。不过，如果对孩子的执拗放任不理，可能会导致孩子以后成为“小霸王”，所以妈妈还是要采取一些措施。

“不要”是孩子的独立宣言

13～24个月的孩子，最常使用到的词语，恐怕就是“不要”了。周岁之前，孩子百分之百依赖妈妈，可现在，

孩子只偏好一件东西怎么办

孩子19个月，只偏好某一件东西，只想穿喜欢的那件衣服，出门的时候一定要带着小汽车，只爱看一张光盘。这种情况正常吗？

孩子会对熟悉的东西特别偏爱。到20个月以后，孩子开始有了自己的喜爱，特别喜欢汽车，或特别喜欢布娃娃等。孩子坚持只看某一张光盘的行为也不会持续很久，一般也就是2～3个月。这时候，妈妈不必过分干涉孩子。当孩子自己感到厌倦了，自然就会去看其他的。妈妈要考虑的问题是，孩子看电视的时间不要太长，每天观看电视节目的时间不要超过一个小时。尽量不要让孩子独自观看电视节目，孩子经常长时间独自看电视，有可能会出现自闭倾向。

情况发生了改变：孩子可以独立行走，也可以直接抓起饭来吃了。对妈妈的依赖减少，孩子正在走向独立。这个时期，孩子的最大特点，就是有了“自我”，明白了“我”的概念。在面对很多事情的时候，孩子开始具有主观立场，懂得强调自我。无论什么事情，孩子都想独自去完成，不愿意接受帮助，要求得不到满足就大发脾气。孩子说出“不要”，意思是“现在我已经可以独立了，所以要照自己的意思来。”

固执，可以容忍到什么程度

就像前面说过的，孩子开始固执，其实这也代表了他（她）的正常成长。虽然不会，但还是想要自己穿衣服，自己拿勺子吃饭。这些固执也有助于培养孩子的独立性。不过，并不是所有的事都可以随着孩子的固执来。必须要让孩子知道：他（她）的意志不能决定一切，“固执”和“自立”是两个不同的概念，必须要区别对待。

当孩子因为要求没有得到满足而发脾气，或因为想要的东西没有到手而哭闹时，妈妈就必须要采取正确的处理方法了。孩子哭闹有可能是因为各种各样的原因，比如情绪激动，无法控制，或以前曾经因为哭闹让父母让步。最常见的原因，就是只要孩子一闹，父母就会同意自己的要求。一旦养成这样的习惯，孩子想要什么东西的时候，如果父母不给买，就会马上纠缠起来。

怎样对待孩子的固执

保持始终如一的态度　如果妈妈的态度经常随着心情改变，会让孩子的执拗越来越严重。对待孩子，必须要采取始终如一的态度。对于不能做的事情，无论孩子怎么纠缠，也要断然拒绝。

妈妈要保持冷静　当孩子固执不肯妥协的时候，如果妈妈也情绪激动，想要强行让孩子让步，孩子只会因为感受到压力而更加执拗，不听劝告。越是这样的时候，妈妈越要冷静地面对孩子。要用平静，但是坚决的语调告诉孩子，这件事为什么不能做，对孩子充分说明理由，让他（她）自己认识到错误。

妈妈的固执更胜一筹　要让孩子看到，妈妈固执起来，也是不可动摇的。如果孩子一纠缠，就满足他（她）的要求，必定会使孩子养成一种坏习惯。可以干脆起身离开，不作任何回应。

确定好底线　作为妈妈，一定要有一个底线，如果超出了这个底线，无论孩子怎样哭闹，也绝对不能答应他（她）的要求。

让孩子对固执的结果承担责任　当孩子固执地要求做某件事的时候，如果这件事没有危险，可以先答应。比如孩子要自己穿衣服，可以先让他（她）自己穿，就算把裤子套在头上，也可以先不管，只是在孩子要求帮助的时候过去帮忙。这样做，可以让孩子通过自己的行动认识到自己的错误，并且对固执的结果承担责任。

适应其他的小朋友　可能的话，经常带孩子和小朋友一起玩。因为小朋友和妈妈不一样，他们不会接受孩子的所有要求。和小朋友在一起的经历，可以很自然地让孩子了解到，不是所有的事情都必须按照自己的意愿去执行。

通过游戏改善孩子的固执性格

成为故事中的主人公　如果孩子总是不肯好好吃饭，可以准备一些与用餐习惯有关的书给他（她）看，然后将书中的情况与孩子的实际情况做比较。“这本书里的小熊不爱吃蔬菜，只爱喝牛奶，结果它总是生病。你是想和小熊一样只喝牛奶经常生病，还是多吃蔬菜身体健康呢？”

过家家　这个时期的孩子大多很喜欢玩过家家。有的喜欢和小朋友一起玩，有的喜欢和自己的布娃娃玩。当孩子因为不喜欢洗澡而吵闹的时候，可以对他（她）说，“要是你的娃娃也不喜欢洗澡，该怎么办呢？”这时候，孩子可能就会对娃娃解释为什么要洗澡。通过这样的过程，孩子就会意识到自己的行为是没有道理的。

角色扮演游戏　可以利用孩子喜欢的娃娃或者玩具，展开角色扮演游戏。角色扮演游戏不仅能培养孩子的社会性，对培养孩子的创造力也很有帮助。如果孩子说话还不太利索，妈妈可以出场，和孩子共同表演。比如妈妈可以扮成医生给娃娃打针，或扮成厨师做饭，等等。

温柔地对待固执的孩子

尽量不使用否定的言辞　当妈妈说了什么话以后，孩子往往会马上模仿。所以，妈妈最好尽量不使用那些否定的言辞。例如当想说“这个苹果坏了，不要吃了”时，可以转变一种方式，“这个苹果坏了，还是吃点心吧，你想吃什么呢？”通过这样的方式，让孩子直接选择。

不对孩子发号施令　当妈妈用命令的口吻说话时，孩子会产生一种逆反心理，从而不听妈妈的话。

对孩子的正确行为及时称赞　当孩子做了正确的行为或是说了正确的话时，要及时表扬孩子，鼓励孩子继续这样做。

带孩子去公园玩的时候，经常会遇到与他（她）同龄的小朋友。几个小朋友会一起玩沙子，或一起玩跷跷板。当然，也难免出现别的孩子打自己孩子一下，或推自己孩子一下的情况。如果孩子动不动就哭起来，父母该怎么办呢?

首先要安慰孩子

看到孩子被抢走玩具，或被打哭的时候，很多妈妈会担心：为什么自己的孩子这么软弱。可能是出于这种想法，有些妈妈在这种时候不但不去安慰孩子，反而会指责他

46 帮助孩子克服胆怯

（她），“怎么就知道哭?”这些妈妈认为，如果现在去哄孩子，只会让孩子越来越胆小怕事。其实，在孩子需要妈妈帮助的时候，妈妈就在身边，对孩子来说这是更加重要的事情，这会让孩子对妈妈产生充分的信任。当孩子感觉到“妈妈站在我这一边”的时候，就会充满自信。当然，如果孩子经常受到这种欺负，妈妈就要尽量减少这种事情的发生。对于这个阶段的孩子来说，朋友并不具有特别大的意义，不善于和其他孩子一起玩，也并不代表孩子社会性发育不好。所以，如果在外面遇到的小孩，或亲戚家的小孩经常打自己的孩子，必须要告诉他们，“打人是一种坏行为”。当然，如果自己的孩子打别人，也是一样的。如果相同的情况经常发生，最好先不要让孩子与其他孩子进行接触。

怎样让胆怯、内向的孩子充满自信

不要命令，而是拜托 尽管孩子还很小，但他（她）的意见依然应该得到尊重。不要总是命令孩子“去做这个，去

Tips 通过游戏培养孩子的表现力

有些内向的孩子，常常不知道如何表达自己的想法。其实这并不是孩子不会表达，而多半是因为孩子内心感受到压力而不敢表达。所以，可以通过一些游戏来培养孩子的表现力。例如让孩子把沙土弄湿，然后做成自己想要的形状。在孩子玩的过程中，父母最好不要干涉，不要说“应该这样弄”“那样太脏了”，等等。否则，只会让孩子更加胆怯。

做那个”，应该与他（她）商量，“我们这样做，好吗？”让孩子知道，自己是一个受到尊重的人。

尽可能让孩子独立完成 虽然在妈妈看来，孩子做的很多事情都非常幼稚，但只要不存在危险，还是尽量放手让孩子去做，而且，最好能让孩子坚持到最后。如果孩子想捡起纽扣，在孩子没有要求帮助之前，只在旁边看着，并且鼓励他（她），“做得真好，妈妈相信你”，就可以了。

让孩子感受到小小的成就感 在做某些事情的时候，妈妈可以提前做好准备，让孩子体会到“我做到了”的小小满足感。比如当孩子独自穿衣服的时候，帮助把拉链拉开，让孩子自己拉上；或者帮助按下按钮，让孩子把伞撑开。

多多鼓励 称赞和鼓励是不一样的。称赞是在获得了好结果以后，鼓励则出现在努力的过程中。当孩子想要做什么事情的时候，可以鼓励他（她），“试试看吧”“一定能做好”。对于那些胆怯、内向的孩子来说，鼓励要比称赞更加重要。

发现孩子的优点 接受自己，相信“我是最优秀的”——这就是拥有自信的开始。任何孩子都有自己擅长的方面，父母应该努力去发现孩子的优点，并不断加以鼓励和称赞。

AGABANG
AGABANG

47

掌握孩子的气质，让育儿更加轻松

在育儿的过程中，有些妈妈感觉孩子“很好带”，有些妈妈却每天因为孩子的事情焦头烂额，主要的原因可能就是，孩子天生的气质存在差异。

“民洙和民宰（15个月）是一对双胞胎，但他们俩却一点相像的地方都没有。民洙是吃饱了就睡觉，醒着的时候也一个人乖乖地玩；可民宰却是另一个样子，几乎一会儿都安静不下来，还总是做一些危险的举动。如果给民宰换个睡觉的地方，他就会整夜缠着妈妈；而且，民宰只要一哭就会躺在地上不起来，怎么哄也不行。是我的教育方法有问题，还是民宰有问题呢？一个妈妈生下的两个孩子，怎么会这么不一样呢？”

气质和性格是不一样的

这对双胞胎的情况，主要就是因为两个孩子天生的气质不同。很多人觉得，气质就是性格，但其实它们是两个不同的概念。气质，指的是孩子与生俱来的性格，更准确地说，气质是“每个人情感方面的个性”。性格，则是“在气质基础上，情感与意志的整体表现”。比如说，“活泼”“易怒”是气质，而“有责任感”“勤快”则属于性格。以前，大多数人都认为，气质完全来自遗传，是从一出生就确定了的。不过，最近也有专家认为，气质也会因为后天的原因而发生变化。也就是说，在孩子气质的形成过程中，家庭氛围、父母的育儿态度和方法以及家庭关系等，都会对其产生重要的影响。因此，父母在了解了孩子的天生气质以后，可以通过一些方法，来改善孩子气质方面的不足之处。

幼儿气质的三种类型

在幼儿心理学上，通常把幼儿气质分成下面三种类型。

难教养型　这种气质类型的孩子，无论是身体上还是心理上都特别敏感，即使是很小的刺激，都会立刻作出反应。如果更换睡觉地点，孩子就会睡不着，或睡不好，不肯吃饭或是完全没有规律。这类孩子遇到困难时反应极为强烈，而且不易接受安慰。总之，这类孩子属于生活节奏不规律，情绪不稳定，养育起来很麻烦的孩子，在同龄孩子中所占的比例大约是10%。

易教养型　易教养型的孩子，生活非常规律，容易适应新环境。对于新的刺激，这类孩子会表现出强烈的关注，不易有压力。有时这类孩子也哭闹，但是很容易安慰，情绪反应温和，活泼可爱。这类孩子所占的比例大约是所有孩子的40%。

缓慢的活跃型　这个类型的孩子，比难教养型随和一些，而比易教养型又困难一些，是处于中间状态的孩子，大约占到总数的50%。

这是根据斯特拉·切斯和亚历山大·托马斯两位心理学家的理论总结出来的。在这三种类型的孩子中，易教养型的孩子教育起来基本没有什么问题。而难教养型的孩子，如果与父母无法形成和谐的关系，就会出现各种各样的问题。如

Tips 儿童气质判断结果

对比孩子气质的判断标准，如果孩子的活动有规律，对新刺激会作出积极反应，能够很快适应环境的改变，情绪反应温和，对于适当强度的刺激作出适当的反应，情绪良好，注意力容易集中，就属于易教养型气质。相反，如果孩子身体动作特别多，生活节奏不规律，无法接受周围环境的变化，遇到问题，即使是很小的刺激也会反应强烈，爱哭，注意力不容易集中，即使集中也只能持续很短时间，就属于难教养型气质。

果遇到这样的孩子，你可能也会像民宰妈妈那样，担心孩子得了什么病，或自己的养育方法出现了问题。所以，必须要明确了解自己的孩子是属于哪种气质类型，然后再采取适当的教育方法。

改善孩子气质的最佳育儿法

强化那些对孩子有帮助的气质　例如好奇心有助于孩子的大脑发育和智力开发，所以，这是一种应该不断鼓励的气质。但是，如果孩子只有好奇心，并且好奇心有些过度，情况就不太好了。因为孩子有可能会因为好奇而去做一些危险的行为。在鼓励好奇心的同时，还要让孩子具有一定的戒备心。

调节孩子的情绪　如果孩子因为气质原因经常发脾气，甚至有些神经质，应该教给他（她）如何调节情绪。例如孩子发脾气的时候，告诉孩子不要扔东西或是大哭，而改为慢慢说出自己发怒的原因。如果孩子天生比较忧郁，最好帮助他（她）找到一些感兴趣的事情。通过做这些事情，让孩子保持愉快的心情。开始的时候，你可能会觉得很困难，但是只要反复进行这种训练，无论是多么神经质的孩子，都会有所改变。

帮孩子转换心情　当孩子伤心、沮丧的时候，马上找一些他（她）喜欢的东西，帮助孩子快速转换心情。这样，可以让孩子很快从愤怒或烦躁中摆脱出来，缩短孩子感觉不好的时间，对孩子气质本身的改善也很有好处。

孩子气质的判断标准

活动水平　活动身体的程度，运动能力，孩子是否白天活动，晚上休息。

规律性　吃饭、睡觉、排泄以及醒着的状态是否有一定

规律，并可以预测。

接近或退出 对于新刺激（例如玩具、食物、人等），是否会表现出兴趣。如果没有，是否表现为畏缩和回避。

适应能力 是否可以快速适应周围环境的变化，并能够根据变化的环境，修正自己的行为。

反应强度 受到刺激后的反应程度。

反应阈 需要多大的强度，才会对视觉、听觉、触觉等各种感官刺激作出明确反应；需要多大的强度，才会对温度、湿度、声音等围绕在身边的环境作出明确反应。

情绪质量 在哪种程度下表现出快乐、兴奋或者悲伤、忧郁的情绪。

注意力不集中 是否很容易受到周围环境的影响。

注意力的持久性 对于某个特定的行为，可以坚持多长时间（注意力集中的时间）。出现障碍的时候，是否很容易放弃。

48 用爱去弥补孩子的性格弱点

虽然气质是天生的，但还是可以通过妈妈的教育方法加以校正和弥补的。面对注意力分散、暴躁或敏感的孩子，妈妈应该如何去改造他们呢？

与聪明相比，我更希望孩子有个好性格

民秀妈妈最近最大的烦恼，就是民秀（17个月）总无法集中注意力。看书的时候，这一本刚翻了两三页，就扔到一边，去拿其他的。玩具也是，一个玩具，玩不了一分钟，就失去了兴趣。这让妈妈不得不担心，虽然现在孩子还很小，但是长此下去，孩子会不会出现什么问题呢？

注意力分散的孩子

注意力不集中虽然可能是因为天生气质所致，但是，孩子注意力集中与否也很容易受到父母教育方法的影响。注意力分散的孩子，父母采取的可能是一种过度放任型的教育方式。这种宽容的态度如果把握得好，确实可以有效地培养孩子的独立精神。但是如果对孩子宽容得过分了，因为孩子无法清楚判断哪些事可以做，哪些事不可以做，反而会让孩子产生强烈的不安情绪。这也会成为孩子注意力分散的原因。

相反，如果父母过多地参与意见，孩子同样无法集中注意力。当孩子正专心玩某个玩具时，千万不要打扰他（她）。如果在这个时候递给孩子一件其他玩具，或凑过去，都会分散孩子的注意力，导致孩子无法集中注意力。

很多难教养型气质的孩子，会表现出注意力不集中。好

动、爱哭、对环境变化有抵触情绪、生活没有规律、容易受到刺激的孩子，都属于这种类型。

关注孩子喜欢的东西 如果孩子无法专心玩一件玩具，不到一分钟就又去拿其他东西，这时候，妈妈要找到孩子最喜欢的东西，然后诱导孩子把精神集中到这个东西上。

完成一件工作后要称赞孩子 让孩子体会到完成的快乐，也是一个不错的方法。当孩子把所有积木搭好，或看完一整本书的时候，一定要称赞他（她）。这会让孩子感到极大的快乐和满足。

制定生活规则 给孩子制定一些生活规则，例如自己整理玩具，看完书后把书放回书柜等。虽然这些只是很小的规则，但必须要让孩子遵守。为孩子确定好规则并让他（她）遵守，可以帮助孩子集中注意力。

让孩子获得充分的营养和休息 对于注意力分散的孩子，首先不能让他（她）的身体感到疲劳，必须保证孩子充足的营养和睡眠。身体的不适与疲劳，很容易让孩子精神不集中。

创造一个安静的环境 如果家里杂乱不堪，就很容易分散孩子的注意力。应该尽量让家保持整洁，适当减少玩具的数量。在家里，尽可能用平静的语气和孩子说话。减少带孩子去人多的餐厅或商店，这些地方的环境也会让孩子注意力不集中。

一次只做一件事 吃饭的时候打开电视，或看书的同时拿出玩具，这些行为对帮助孩子集中注意力都是没有好处的。一次只做一件事，孩子自然就能集中起全部精神了。

敏感的孩子

有些孩子的性格大大咧咧，有些孩子，即使很小的事情，也会让他（她）受到很大伤害。后一种类型的孩子爱憎

怎样让孩子有个好性格

父母保持一贯的态度 要明确区分孩子可以做的事情与不能做的事情。特别是对会妨碍到其他人的行为，父母的态度必须要严格统一，任何时候都保持一贯的态度。比如孩子在餐厅里跑，如果有时制止，有时不管，就会让孩子感觉很混乱。

让孩子自己的事情自己做 周岁以后，当孩子想自己拿勺子吃饭的时候，妈妈应该尽量给他（她）自己吃的机会。父母的过分干涉或过度保护，都是引发孩子性格障碍的重要原因。

给孩子足够的爱 满2岁之前，如果孩子能够与妈妈形成良好的亲密关系，就可以预防孩子情感发育过程中的很多问题。如果妈妈因为忧郁症而讨厌孩子，或对孩子过分溺爱，则有可能导致孩子不会调节自己的感情，或不会关心他人。

坦率地表达情感 可以经常对孩子表达自己的情感。在日常生活中，可以经常对孩子说，“民宰牛奶喝得真好，妈妈好高兴呀”“民洙不舒服，妈妈也很难过”。经常这样表达自己的感情，会对孩子成长为感情丰富的人有帮助。

分明，感情起伏强烈，我们通常会把这类孩子叫做“敏感型儿童”。虽然孩子有些特质是天生的，不过，有的孩子是因为后天环境才养成了这样性格的。

还有一种情况，就是本来不敏感的孩子突然变得敏感起来。一般在出现不安情绪或缺乏自信、畏缩不前的时候，孩子会出现这种症状。如果孩子突然表现出比平时敏感的行为或情绪反应，父母就一定要弄清楚孩子出现这种情况的原因。如果对此置之不理，可能会让孩子逐渐失去自信。

观察孩子的敏感反应　不同的孩子，出现敏感反应的状况也是不同的。比如说，有些孩子不喜欢成年男子，哪怕只是看一眼，也会浑身紧张，甚至哭闹。这时候，就要思考一下孩子为什么会看到成年男子就害怕，是因为讨厌成年男子说话时的大嗓门，还是讨厌成年男子粗暴的动作？抑或是因为不喜欢爸爸和自己相处的方式？如果平时孩子和爸爸在一起的时间比较少，可以适当增加孩子与爸爸相处的时间，这有利于帮助孩子消除恐惧。

通过表扬来培养孩子的自信　前面曾经说过，敏感的孩子经常会缺乏信心。所以，即使孩子只获得了很小的成绩，也一定要大大表扬他（她），以此增加孩子的自信。

慢一点作出反应　当孩子撒娇、哭闹的时候，很多妈妈都会立刻作出反应。妈妈这种过分快速的反应，反而会让孩子更加敏感，这也是孩子无法学会等待和忍耐的原因。当再遇到这种情况的时候，妈妈尝试慢一点作出反应，也许会有意想不到的收获。

49

可以体罚孩子吗

对体罚孩子的两种认识

这个时期的孩子，可以对他（她）进行体罚吗？关于这个问题，在专家之间也存在着很大的分歧。大致可以分为“掌握好尺度就可以”和“不可以这样做”两种。韩国延世神经科附属小儿青少年神经科医院孙硕汉医生的观点是，“完全没有必要”。体罚孩子，会让孩子感觉到疼痛。这时候，孩子根本无暇思考自己到底犯了什么错误，所有的注意力都会集中在身体的“痛感”上。另外，这个时期的孩子还不具备站在对方立场思考问题的能力，孩子绝对不会想到，“妈妈是因为爱我才打我”。体罚孩子的行为根本达不到制裁孩子的效果，反而会让孩子的情感受到伤害。

用体罚来禁止孩子的错误行为，可能会在当场立刻见到效果，但时间一长，效果会越来越弱。就如同这次打一巴掌，下次就要打两巴掌孩子才会听话一样，最后很容易让孩子变得必须打才肯听话。

韩国人类发展研究所所长文美熙则认为，当然是尽量不要采用体罚的方式为好，但对于13～24个月的孩子来说，体罚行为有时是必需的。养育孩子的过程中，最大的原则就是“温和地养成习惯”。这个时期的孩子还不能理解人生的规则，对于一些不能做的事情，必须要“明确地”让孩子知道。如果因为妈妈火冒三丈，下意识地打孩子，显然是不可

Tips 体罚孩子时必须注意的问题

考虑到孩子的面子 不能不分场合，不分时间地对孩子进行体罚。虽然孩子还很小，如果在别人面前挨打，也会让他（她）感到难堪和生气。因此，绝对不要在朋友或亲戚面前打孩子。

在一定部位，使用一定的工具打孩子 有时打孩子的后背，有时用笤帚打孩子的身体，这样的行为是不妥当的，必须要尽量避免。如果一定要打，可以用小棍轻轻打孩子的小腿或手掌。

避免使用极端的言辞 无论孩子多小，他（她）都是可以听懂爸爸妈妈的话的。所以，不要对孩子说“你这个坏东西”“都是因为你，我简直没法活了”这类的话。因为孩子正处在语言学习阶段，如果爸爸妈妈这样说，他（她）也会跟着模仿。

取的。应该是为了告诉孩子“这样做是不对的”而打几下屁股，而且，妈妈一定要控制好自己的情绪。

不应体罚的理由

体罚会让孩子更加恐惧 面对表情、态度、声音都十分可怕的妈妈，孩子会完全愣住，作不出任何反应。这时候，孩子根本不可能思考自己犯的错误，他（她）会一直在焦虑，“妈妈是不是不爱我了？”

体罚不能教会孩子正确的行为 打孩子，并不会教给孩子正确的行为方式，只是阻止他（她）不再做过去的行为。因此，体罚后的结果，可能根本不是妈妈想要的。

会让孩子学会“打人的技巧” 打孩子的时候，孩子也会学到父母的这种暴力行为。打人的孩子中，有90%以上曾经历过父母或身边人打人的暴力行为。

孩子会变成不打就不听话 如果只要一有事就打孩子，孩子就会变得必须打才肯听话。这样一来，对孩子体罚的程度不得不逐步升级。

尽管如此，体罚还是必不可少的手段

让孩子懂得“不行”的含义 当孩子把手伸向滚烫的东西，或想要爬到高处的时候，抓住孩子，让他（她）坐下来，然后打几下屁股，同时告诉孩子“不行”“烫”“高”。孩子会同时记住妈妈严厉的声音以及屁股被打的感觉，当然，也会记住“不行”的含义。

当孩子安全受到威胁的时候 当孩子把手伸向煤气炉，或爬到危险的地方时，要立刻抓住孩子，让他（她）坐下来。这时候，打几下屁股，可能要比几句嘱咐的话更有效果。遇到这种情况的时候，一定不要犹豫，严厉的声音和使劲儿打两下孩子的屁股，可以很好地预防此类事情的再发生。

曾因脑子“笨”而无法适应学校生活的伟大发明家——爱迪生

“妈妈，为什么天空是蓝色的？”

“为什么不能用脚趾头看到世界？”

“没有能自己走的汽车吗？”

……

在养育孩子的过程中，可能每天都会听到几个这样莫名其妙的问题。

很多孩子并不接受大人“就是这样的”的回答，而是天马行空地去想象他（她）自己满意的答案。对于大人来说，回答出这些问题也不是件简单的事，该怎么跟孩子解释呢？

其实，当你尊重孩子的好奇心时，孩子的潜能正在慢慢孕育。大发明家托马斯·阿尔瓦·爱迪生曾经就是这样一个连课都听不进去的“问题大王”。当老师说“1＋1＝2”时，爱迪生的问题是，“老师，为什么‘1＋1＝2’？”这样的问题让老师头疼不已。终于有一天，老师把爱迪生的妈妈请到了学校，“爱迪生的脑子太笨了，其他孩子都能听懂的课程，他却不明白，本来只要教一次的东西，教他好几次，他还是不理解。恐怕不能让他继续留在学校了。”听到老师的话，爱迪生的妈妈这样回答，“爱迪生的脑子一点都不笨，只不过他的想法与其他孩子不同。”然后，拉着爱迪生的手回了家，从此由自己来教儿子。

爱迪生的妈妈拿出一个鸡蛋，说小鸡是从这里面出来的。晚上爱迪生就跑到柴房去孵蛋。即使是如此荒唐的举动，妈妈也没有责怪他，反而在地下室给他布置了一个实验室。这样，爱迪生就可以自己直接解决那些让他好奇的问题了。

如果爱迪生的妈妈没有接受儿子那些“愚蠢”的问题，可能就不会有后来的大发明家了。所以，尝试去接纳孩子的各种问题吧。每个孩子都有可能是未来的天才。

译注：托马斯·阿尔瓦·爱迪生（1847—1931），举世闻名的发明家，被誉为“发明大王”。他除了在留声机、电灯、电话、电报、电影等方面的发明和贡献外，在矿业、建筑业、化工业等领域也有不少著名的创造和真知灼见，为人类文明和进步作出了巨大的贡献。